J. M. G. Le Clézio

Voyage
à Rodrigues

Gallimard

J. M. G. Le Clézio est né à Nice le 13 avril 1940 ; il est originaire d'une famille de Bretagne émigrée à l'île Maurice au xviiie siècle.

Grand voyageur, J. M. G. Le Clézio n'a jamais cessé d'écrire depuis l'âge de sept ou huit ans : poèmes, contes, récits, nouvelles, dont aucun n'avait été publié avant *Le procès-verbal*, son premier roman paru en septembre 1963 et qui obtint le prix Renaudot. Son œuvre compte aujourd'hui une trentaine de volumes. En 1980, il a reçu le Grand Prix Paul-Morand décerné par l'Académie française pour son roman *Désert*.

Il a reçu le prix Nobel de littérature en 2008.

J'avance le long de la vallée de la rivière Roseaux, les montagnes sont toutes proches maintenant, les flancs des collines se resserrent. Le paysage est d'une pureté extraordinaire, minéral, métallique, avec les arbres rares d'un vert profond, debout au-dessus de leurs flaques d'ombre, et les arbustes aux feuilles piquantes, palmiers nains, aloès, cactus, d'un vert plus aigu, pleins de force et de lumière.

Les nuages passent au ras des collines, légers, très blancs dans le ciel pur.

Il n'y a déjà plus d'eau dans le ruisseau. Je cherche des yeux le Comble du Commandeur, je crois le reconnaître, là-bas, au fond de l'engorgement de la vallée. Mais où est le ravin en cul-de-sac, et la source tarie ? Carte à la main, à l'ombre d'un badamier, je cherche à comprendre où je suis. J'ai dû aller trop loin. Tout à l'heure, sur le sentier qui longe la rivière Roseaux, j'ai été dépassé par une jeune fille, quatorze ans à peine, svelte et agile comme les cabris qui vivent sur les collines. Je l'ai questionnée, elle m'a écouté, l'air intimidé, effrayé peut-être. Visage cuivré et doux, yeux d'agate. Ravin, source, elle ne comprend pas ces mots-là. En créole, je lui demande la fontaine. Elle me montre le haut de la vallée, là où le ruisseau desséché se perd dans l'escarpement de la montagne Roseaux. Puis elle s'est sauvée très vite, disparaissant à travers les broussailles. Quelques instants après, toujours assis à l'ombre de l'arbre, je l'ai vue sur le blanc de la montagne, au bout de la vallée. Qu'a-t-elle pensé ? Peut-être qu'avec mon sac à dos, mon appareil photo et mes cartes à la main elle m'a pris pour un prospecteur.

J'aime ce paysage ocre et noir, cette herbe dure, ces pierres de lave jetées comme pour tracer quelque message d'au-delà des temps. Je comprends que mon grand-père ait ressenti ce trouble, cette interrogation. Chaque coin, chaque pan de roche, chaque accident du relief semblent porter un sens secret. Il y a des signes, les pierres sont marquées.

Ce sont les porcs et les cabris qui habitent vraiment ce pays. Les chemins, les murs, les cachettes sont pour eux. Les maisons des hommes, accrochées aux pentes, disséminées au fond de l'Anse aux Anglais parmi les cocos, comme des nids de guêpes maçonnes. Quelques libellules aussi, et ces minuscules mouches noires qui irritent les yeux, les oreilles.

10

Et le vent qui passe, qui balaie, froid, venu d'outremer, passages du vent dans les herbes et sur les pierres, silence, fraîcheur fugitive de l'océan. Chasse des nuages.

Quand je reviens sur mes pas, je le vois tout à coup. Il a fallu que je grimpe jusqu'au sommet de la colline de l'est. Devant moi, dominant la rivière desséchée, la pointe volcanique qui a servi de repère à la quête de mon grand-père. C'est elle qu'il a appelée la *Vigie du Commandeur*. Le Comble du Commandeur est derrière moi, au sud-ouest. Je sais maintenant que le ravin et la source sont tout près. Je prends repère sur une maison au toit de tôle, dans l'estuaire de l'Anse aux Anglais, et je redescends. Quand j'arrive au niveau de la maison, je remonte la pente des collines, sur le versant est. Devant moi, tout à coup, de l'autre côté d'un vallon asséché, je vois la pierre d'où l'on aperçoit la Vigie telle que mon grand-père l'a dessinée en 1910 : trois pics, dont les deux premiers tracent les jambes d'un M majuscule. Est-ce l'érosion, ou le résultat d'une tempête ? Il me semble que les dents du roc sont émoussées. Il manque une saillie à droite, du côté de la mer.

Je redescends, et maintenant, je reconnais le ravin, comme si j'y étais déjà venu : c'est une sorte de corridor dans le roc, terminé par la muraille abrupte de la colline. Je contourne l'à-pic, et je suis au fond du ravin. Aucun doute, c'est ici. Il y a trois grands arbres, des tamariniers. À l'ombre, je regarde le ravin, la pierre ocre, rougeâtre, tellement séchée par le soleil qu'elle s'effrite comme du sable. À droite, et à gauche, je vois les traces de coups laissées par mon grand-père. Deux plaies au fond du ravin, que le temps n'a pas encore effacées : la terre est plus claire, les roches sont plus dures.

Soleil de feu, chaleur, moucherons. Mais l'ombre du vieux tamarinier est bien douce.

Non loin, au pied de la falaise, une case, un corral, des chèvres, des cochons. On entend quelqu'un siffler à tue-tête, joyeusement, infatigablement.

Les nuits si longues, si belles, pures, sans insectes, sans rosée, avec seulement le bruit du vent qui arrive en longues lames, faisant murmurer les feuilles aiguës des vacoas.

Les nuits profondes, infinies. Ce sont elles qu'il a dû aimer aussi, quand elles venaient d'un coup sur l'île, assombrissant la mer, après que le disque du soleil avait plongé de l'autre côté des collines, à l'ouest. Comme elles étaient plus profondes ici, plus dures aussi, comparées à la douceur un peu mélancolique des couchers de soleil à Rose Hill. Ici, pas de traînées de nuages, ni de brumes hésitantes, pas de ces couleurs qui s'estompent : la mer pâle et dure, le ciel qui s'embrase brièvement, rouge de braise, et le disque d'or qui s'anéantit derrière l'horizon des

12

montagnes, dans la mer, comme un bateau qui sombre. Puis, la nuit qui annihile tout, la nuit, comme sur la mer. Alors, les myriades d'étoiles, fixes, claires, et le nuage pâle de la galaxie. Enfin, la lune qui se lève tard, au-dessus des collines, et qui monte, blanche, éblouissante.

Le vent, par rafales si puissantes qu'elles pourraient me renverser. Le vent, comme sur la mer. Au ras des collines courent les nuages.

En quelques minutes, le ciel se défait, se recouvre.

L'orage fond sur moi. Tout d'un coup la pluie est là, rideau gris qui voile le bleu de la mer. L'instant d'après, le soleil éclate.

Le vent, le vent, toujours le vent. Mon grand-père admirait cela à Rodrigues : alizés, mousson, le vent ne cesse jamais. J'imagine les grand-voiles des clippers de son temps, éblouissantes de blancheur sur le sombre bleu de l'océan Indien.

Il y a quelque chose de fascinant ici, dans la couleur noire du basalte, dans le jaune de l'herbe sèche. Les troncs pleins d'une force sauvage, presque animale, les feuilles en lame de sabre. Roches fantastiques déjà usées, sculptées. Durant des heures je cherche la marque de l'organeau taillée au ciseau dans la pierre, que mon grand-père indique sur ses plans, à l'ouest de la rivière Roseaux juste au-dessous de la Vigie

13

du Commandeur. Puis je m'aperçois que toutes les roches ou presque portent cette marque, un V ou un W ou un Δ, car c'est comme cela que se fracture le basalte.

L'une d'elles pourtant, peut-être... Mais pourquoi y a-t-il, de chaque côté de la vallée, à la même hauteur, ces blocs de roche noire, taillés en falaise, pareils à deux bastions symétriques ? C'est cela qui intrigue, qui inquiète même, comme les montants d'une porte gigantesque.

Partout, ces murs de pierre sèche. En haut des collines, ils forment des corrals, ils divisent des champs, ils dessinent d'incompréhensibles frontières. Ils tracent d'inutiles chemins qui se perdent dans les broussailles. À flanc de colline, ils forment d'étranges ronds-points, des loggias, des balcons, des fortifications naines où poussent des vacoas, des aloès, des buissons d'épines. Qui a construit cela, et pourquoi ? Il s'agit peut-être d'abris de fortune faits par des marins fuyant la tempête, ou bien de plates-formes construites par les boucaniers. J'imagine aussi quelque naufragé ayant semé là-dessus ses légumes et ses graminées, en attendant le passage d'un navire qui l'arracherait à l'île. Quand je demande à Fritz Castel le nom de l'éminence qui domine l'estuaire de l'anse, ce que mon grand-père appelle la Vigie du Commandeur, il me dit : « Citadelle ». Et en effet c'est à cela que ces constructions ressemblent. Au sommet, à côté des roches aiguës, je trouve les ruines d'une tour en pierre sèche dont ne subsiste qu'un mur circulaire d'un pied de haut. Je comprends maintenant ce qui a changé depuis le dessin qu'a fait mon grand-père : la tour a été détruite. Par qui, ou par quoi ? Ouragan, vent, érosion, ou peut-être plutôt par les manafs du voisinage qui sont venus chercher là de quoi construire leurs maisons ?

Pays pour le vent seulement. Les hommes, les végétaux, accrochés aux pentes arides, dans les creux des pierres basaltiques. Il y a un hors du temps, ici, à Rodrigues, qui effraie et tente à la fois, et il me semble que c'est bien le seul lieu du monde où je puisse penser à mon grand-père comme à quelqu'un de vivant. Visibles encore, comme s'ils dataient de la veille, les coups de pioche qu'il a donnés sur la paroi du ravin, au fond du cul-de-sac, à droite et à gauche. Visibles, les efforts qu'il a faits pour déplacer les blocs de lave qui formaient le verrou d'entrée du ravin, et qui étaient pour lui la preuve tangible du génie du *Privateer* : « Cette cachette, écrit-il dans son journal, est d'une ingénieuse simplicité qui met à néant la légendaire et absurde complication de maçonneries et de travaux en béton. La nature en faisait tous les frais, se chargeant en outre de monter elle-même la garde auprès du

15

trésor qu'on lui confiait... Le cul-de-sac en question a en effet la forme d'un puits où tombe en cascade pendant les grandes pluies un cours d'eau intermittent venant de la montagne. Sa partie antérieure en pan coupé par où les eaux s'écoulent dans le lit du ravin était bloquée à la base par quelques quartiers de roc. Les graviers charriés par l'eau venaient tout naturellement s'accumuler dans l'espace ainsi circonscrit et ajouter graduellement à la couche de débris qui protégeait le dépôt. »

Tout est là, immobile depuis tant d'années, immobile pour l'éternité, semble-t-il, comme si les pierres noires et les buissons, les vacoas, les aloès, tout avait été disposé là pour toujours. La jeune Mauricienne qui parcourt l'île disait cela, après avoir aperçu le chaos volcanique de la baie malgache : « Cela ressemble à la lune. » Il y a, dans cet assemblage de la pierre noire, de la mer et du vent, quelque chose de l'éternité de l'espace.

Alors les gestes, les efforts, le regard même de mon grand-père sont encore présents ici, inscrits sur ces lieux. Qu'est-ce que soixante-dix ans dans un tel paysage ? Un bref moment, qui n'a changé que les constructions des hommes, comme la case de palmes que mon grand-père partageait avec Arnold Roustier, et que le vent de l'ouragan a dû emporter il y a longtemps.

Je marche sur ses traces, je vois ce qu'il a vu. Il me semble par instants qu'il est là, près de moi, que je vais le trouver assis à l'ombre d'un tamarinier, près de son ravin, ses plans à la main, interrogeant le chaos de pierres hermétique. C'est cette présence qui me donne sans doute ce sentiment de déjà vu. Parfois, mon regard s'accroche à un détail, le trou d'une grotte au loin, ou bien une roche étrange, une couleur différente de la terre, près du lit de la rivière. Cela fait bouger quelque chose d'imperceptible au fond de moi, à la limite de la mémoire. L'ai-je vu déjà ? L'ai-je su ? L'ai-je rêvé ?

Je ne peux croire que mon grand-père n'ait pas senti cela, rencontrant alors en ces instants fulgurants le regard de l'homme qui l'avait précédé sur ces lieux, le *Privateer*, l'oiseau de proie de la mer, qui avait parcouru la vallée de l'Anse aux Anglais, cherchant avec soin la cachette parfaite pour son trésor. Qui était le *Privateer*, quel était son nom ? England, peut-être, qui aurait donné son nom à la baie, ou bien Misson, le mystique qui avait fondé la république du Libertalia, État idéal sans classes et sans distinction de races, qu'il alimentait de ses rapines dans la mer des Indes ? Ou plutôt Olivier Le Vasseur, dit La Buse, qui avant d'être pendu à la Réunion avait lancé à la foule, comme ultime vengeance, le plan de la cachette de son trésor ? Mais

17

qu'importe son nom ! C'est lui que mon grand-père ne cesse pas de retrouver ici, uni à lui par le paysage, par la même quête sans issue, fantômes pareils à des insectes parcourant sans se lasser le chaos de pierres de cette vallée.

J'aime ces noms qu'il lui a donnés, et qui sont comme des masques de légende : le *Privateer*, ou *notre corsaire.*

Sur les pentes de la colline de l'est, fatigué par le soleil et par le vent, je m'assois à l'ombre d'un badamier géant, à quelques mètres d'une ferme. Les uns après les autres, comme s'ils sortaient de la terre, les enfants s'approchent. Ils s'enhardissent jusqu'à s'asseoir sur les racines de l'arbre. Ils m'examinent. Amy à mes côtés les rassure. J'ai un enfant avec moi, je suis donc sans danger. Une petite fille de huit ou neuf ans, très mince, au visage sculptural de Noire, mais dont la peau est de la couleur cuivrée des métis, est assise juste derrière nous, sur une racine en surplomb. C'est à elle que je m'adresse d'abord, sans trop la regarder, comme on tend la main aux écureuils sans avoir l'air de s'occuper d'eux.

Je lui pose quelques questions, sur les gens d'ici, sur les maisons. À qui est cette case-là ? À qui ce champ ? Anicet Perrine. Roussette. Et la famille Prosper ? Et les Legros, à qui mon grand-père avait acheté sa concession, à l'entrée de l'Anse, pour pouvoir faire ses recherches ? La fillette ne connaît pas ces noms. Est-ce qu'il y a une source par ici ? Je rectifie en créole : une fontaine ? Plus haut, oui. À la saison des ouragans, est-ce que le ravin se transforme en torrent ? Elle dit que oui. Elle n'a plus peur maintenant, elle s'approche, elle examine mon appareil photo. Les autres enfants la rejoignent. Ils sucent des graines de tamarin, qu'ils extraient de la longue gousse dorée. La petite fille dit qu'elle s'appelle Sheïla, et sa mère est une Perrine. Elle dit cela avec une certaine vanité, les Perrine sont des gens fortunés. Ces cocos, là-bas, sont à eux, et leur case est plus grande que les autres, mieux entretenue, la tôle du toit est neuve, elle brille au soleil. Sheïla parle bien le français, presque sans accent, ses yeux sont lumineux, son visage est sérieux pour son âge. Perrine est le nom de l'homme qui a racheté la concession de mon grand-père, après sa mort.

Là où mon grand-père a vécu, cherché, entre 1902 et 1930, sur les terres alluviales de la rivière, parfois seul, parfois avec une équipe, là où il a creusé tous ses trous, ses tranchées, tracé ses lignes géométriques, maintenant il y a un village, cinquante fermes disséminées le long d'une mauvaise route de gravier, de part et d'autre d'un pont qui enjambe l'un des bras de la rivière. Tout autour sont les plantations de cocos, les champs de maïs et de tomates, les papayers, les manguiers, les goyaviers. Le fond de la vallée est devenu une oasis fertile au milieu des collines de lave et des broussailles. Toutes ces richesses naturelles, cette vie villageoise, après tant d'années d'efforts et de solitude pour découvrir un trésor chimérique font penser à la fable du laboureur et de ses enfants...

À la recherche du deuxième signe de l'organeau (j'ai trouvé facilement le premier sur la colline de l'ouest, à la place indiquée sur le plan de mon grand-père) je vais de pierre en pierre. Les blocs de basalte ont des formes étranges, des taches, des marques de lichen, des cicatrices. J'aime ces pierres de feu, usées par tant de siècles de vent, de pluie et de lumière. Il me semble qu'elles portent le poids du temps sur elles, qu'elles en restituent la force quand on les touche : douces, polies, chaudes de soleil, d'un noir mat, parfois blanc éclatant, ou rouges de rouille. Le ravin est fauve et ocre, de loin il semble une blessure. Au-dessus, les collines dénudées où serpentent les murailles de pierre sèche, et au fond de la vallée de la rivière Roseaux, les sommets lointains, énigmatiques : le Comble du Commandeur, comme l'avait appelé mon grand-père.

Ce ne sont là que quelques arpents, un simple creux de la terre, une rainure dans les roches volcaniques, sur cet autre rocher qu'on appelle Rodrigues. Mais c'est un lieu plein de sens et de puissance, comme si la chaleur et la lumière, au cours des âges, avaient épaissi les choses, et avaient donné aux plantes et aux hommes qui y survivent un petit peu de la force de la lave.

« Au point marqué *m* sur la carte, écrit mon grand-père dans son journal, qui est le milieu de la ligne E-O, j'ai fait enfoncer une pierre dont le sommet arrondi qui émerge du sol porte une légère dépression faite au ciseau exactement sur la ligne E-O. »

En vain j'ai cherché cette pierre taillée de la main de mon grand-père. Le temps a aboli ce repère, comme beaucoup d'autres. Maintenant, le fond de la vallée, près du lit de la rivière Roseaux, où doit nécessairement se trouver cette pierre, est occupé par des fermes. La ferme Perrine, peut-être, car elle est juste au centre de la vallée : une grande case de bois, avec un toit de tôle, et un vaste enclos planté de fruitiers, papayers, manguiers, tamariniers, et une belle rangée de choux palmistes et de cocos. Impossible de retrouver la pierre ici, bien entendu. C'est peut-être une des choses que je regrette le plus, cette preuve tangible du passage de mon grand-père, et ce symbole qui l'unissait encore plus étroitement au dessein du corsaire inconnu.

En revanche, sur la colline ouest, j'ai trouvé presque tout de suite la marque de l'organeau, telle que mon grand-père l'avait décrite : « c'est-à-dire affectant la forme d'un trièdre renversé dont la section représente un triangle équilatéral qui était anciennement la forme de l'organeau en usage ▽ ». La pierre basaltique est noire, et la fracture n'apparaît pas bien. Mais les jours suivants, à la lumière frisante du crépuscule, je la distingue parfaitement, creusée avec cette netteté que seule peut produire une main armée d'un ciseau. La marque, la première fois que je l'ai vue, m'a semblé curieusement orientée vers la mer. Mais c'est une illusion des sens. Lorsque j'arrive sur l'autre versant de la vallée, sur les flancs de la colline est, j'aperçois, droit devant moi, le côté rocheux où j'ai trouvé le premier organeau.

Il y a quelque chose de dur dans ce pays, dur et hermétique. Je ne peux m'empêcher de penser à l'échec de mon grand-père. Ce trésor qu'il a cherché ici pendant plus de trente ans, et qui a occupé ses pensées jusqu'à sa mort, ce trésor dans lequel il avait placé tous ses espoirs, tous ses rêves, qui devait lui permettre de racheter la demeure familiale et rembourser ses dettes, ce mirage, cette chimère lui ont échappé, se sont refusés à lui. L'or est resté hors d'atteinte, à la fois proche et inaccessible, pareil à un éclat de lune, ou au reflet d'un objet perdu au fond d'un lac.

Paysage du refus, paysage hautain et impénétrable, mystère, sur lequel s'est brisé l'orgueil d'un homme. Les maisons des fermiers rodriguais ont adouci un peu l'amertume de cette défaite : les chèvres, les vaches, les porcs, les plantations de chouchous et les alignements des cocos, et toute cette marmaille qui court partout ont rendu le désert habitable, lui ont fait un visage presque souriant. Pourtant les gens qui vivent ici sont à l'image du lieu : impassibles, impénétrables, vivant à côté d'un mystère qu'ils ignorent, et chacun de leurs gestes semble continuer le plan du destin afin de brouiller davantage la piste, comme s'ils étaient devenus, malgré eux, à l'égal des roches noires et des vacoas, les gardiens du trésor du *Privateer*.

Île issue de la mer, portant sur elle l'histoire des premières ères : blocs de lave jetés, cassés, coulées de sable noir, poudre où s'accrochent les racines des vacoas comme des tentacules. Comment n'y aurait-il pas un secret ? Et ce trésor que mon grand-père a cherché si longtemps, qui a hanté ses jours et ses nuits et l'a exclu de son monde, n'était-ce pas cela, ce silence, cette dureté minérale, cette beauté de l'aube de la création, en suspens au fond de cette vallée ?

Aujourd'hui encore, malgré les transformations, malgré le peuplement par les hommes, les cases et les corrals, je retrouve cela par instants, si fort, si vrai que j'oublie pourquoi je suis là. Le ciel gris, emporté par le vent, fuyant au ras des collines, tandis que brillent les pierres noires mouillées par l'averse, ossements, restes, pierres tombales, stèles, marques du calendrier. Puis, l'instant d'après, par une déchirure, la lumière intense du soleil tropical, qui fait étinceler chaque détail, pénètre le paysage et fait éclater ses couleurs, brun, ocre, rouge, mauve, vert. Et la mer, au loin, dans l'échancrure de l'anse, d'un bleu intense et profond, et l'écume blanche de la barrière de corail.

Je ressens cela, j'oublie tout. Comment lui, qui était seul dans ce désert âpre, n'aurait-il pas oublié souvent la raison qui l'avait conduit là ? Il ne cherchait plus rien alors, il ne voulait plus rien. Il était seulement là, près du sol, près des pierres noires, brûlé par le soleil et entouré par le vent, confondu, capturé par la beauté de l'existence.

C'est cela, je crois, qui m'émeut le plus dans cette aventure, c'est pour cela que je suis venu jusqu'ici pour la comprendre. S'il avait découvert la cachette du trésor, ou bien s'il s'était

unceasingly

découragé au bout de quelques mois, comme ceux qui cherchaient à Klondyke ou à Flic en Flac, cela aurait été sans conséquence. Mais pendant toutes ces années, chercher, creuser, tracer inlassablement la même carte de l'Anse aux Anglais, dessiner la même courbe de la rivière, placer les points des organeaux, mesurer les angles, situer les points les uns après les autres, point E, point O, point F, point δ, point M, point R, point Z, et les points de sondage, 122, 174, 166, interroger sans fatigue pendant trente ans le même paysage, quelques arpents de broussailles et de marécages, jusqu'à connaître chaque rocher, chaque pli du terrain, chaque ravin, et pendant ce temps-là le monde oublié livrait ses guerres meurtrières, achevait ses révolutions, traçait ses nouvelles frontières, tout cela est extraordinaire et ne peut pas ne pas avoir de sens. Alors le paysage lui-même devient miroir, et je peux entrevoir ici, sur cette terre, sur ces pierres, dans la ligne des collines desséchées, comme le visage et l'ombre de mon grand-père, ineffaçables.

Le chercheur de chimères laisse son ombre après lui.

Que cherchait-il ici, en vérité ? Que fuyait-il ? Cet homme doux, raffiné, élégant, grand et mince tel qu'il apparaît sur les rares photographies que j'ai vues de lui à Maurice — long, avec quelque chose du dandy, barbe et cheveux bruns ou châtain foncé, vêtu de sa redingote noire ouverte sur un gilet, chemise stricte mais au col ouvert sans cravate, l'air à la fois distrait et lointain, un peu triste, l'homme qui avait alors perdu tous ses biens, dépouillé par ses proches, chassé de sa maison natale, et qui n'a trouvé de refuge que dans un rêve. Réfugié ? Non, c'est aventuré qu'il faut dire, sorti de lui-même. En regardant ses cartes si précises, en lisant les mots de son journal, c'est cela que j'avais ressenti. Mais c'est ici, à l'Anse aux Anglais, que tout est devenu évident. C'est l'appel d'un autre monde, d'un monde vide d'hommes, où règnent les rochers, le ciel et la mer. C'est l'appel de la mer aussi, le « vent du large » dont il parlait en rêvant, j'imagine, devant ses enfants quand le vent soufflait en bruissant sur la montagne Ory. Alors, il n'est plus question de trésor, ni de *Privateer*, mais c'est une ivresse telle que la liberté de l'oiseau de mer ou de l'espadon. Le soleil de feu, le ciel sans nuages, la mer bleu sombre frangée d'écume sur la ligne des récifs, les laves noires, les bosquets d'acacias, de tamariniers, les broussailles couchées par le vent, les feuilles aiguës des vacoas. Les trous des crabes de terre. Un monde où l'homme est rare, et pour cela amical, proche. Un monde sans venin, sans malheur, sans défaite. La pauvreté aussi, non pas

27

celle de la ville misérable, ni celle des plantations où sont courbées les femmes vêtues de
gunny, mais la pauvreté essentielle, qui limite
l'homme à son arpent de terre aride, à sa vallée,
aux collines dénudées peuplées de cabris sauvages. Et puis le ciel de la nuit, magnifique, étoilé,
vivant comme un autre monde dont on devine
les avenues et les demeures.

Je pense à tous ces voyageurs qui sont venus
ici, avant mon grand-père, et que ce paysage a
éblouis. Ceux qui ont laissé une trace de leur
passage, et ceux qui sont restés sur l'île et n'en
sont jamais repartis, ces premiers colons oubliés,
sans doute enterrés sous les monticules du petit
cimetière à l'estuaire de la rivière Roseaux,
devant la mer.

Je pense aussi aux phrases écrites par Pingré
venu en 1761 observer le passage de Vénus, et
qui parle dans son journal d'un endroit qui ressemble à celui qu'avait choisi mon grand-père :
« Jusqu'ici nous avons profité de certains canaux
qui, traversant les récifs, nous permettoient de
voyager en *pirogue* ; à l'est du Grand Port, on
ne trouvoit plus assez d'eau pour porter notre
pirogue, ou bien cette eau communiquant avec
la pleine mer étoit trop agitée pour porter un
bâtiment aussi fragile. M. de Puvigné renvoya
donc les *pirogues* par le chemin qui les avoit ame-
nées, avec ordre de venir nous rejoindre le lendemain à l'*Enfoncement des Grandes Pierres à*

Chaux. » Mon grand-père avait sans doute lu ces lignes de Pingré, écrites d'une longue écriture penchée sur un vieux cahier relié conservé à la bibliothèque Carnegie de Curepipe. Cet « Enfoncement des Grandes Pierres à Chaux » évoque l'*endroit de la côte où la mer bat les rochers* que mentionnent les papiers de la chasse au trésor. Pingré le décrit plus loin : « Les montagnes des *Quatre Passes* sont à pic, et comme il n'y a là presque point de récifs, et que la côte est directement exposée au vent, la mer bat si violemment contre la côte qu'il y aurait plus que de l'imprudence à hazarder de franchir ce passage. » Est-ce bien l'Anse aux Anglais, celle que le premier colon de l'île, François Leguat, décrit dans sa relation : « À mille pas de nos loges il y a une anse qui se remplit d'eau à mer haute et à l'entrée de laquelle nous tendions un filet. » Le Corsaire inconnu de mon grand-père y est-il vraiment venu, entre ces deux récits (l'un datant de 1690, l'autre de 1751) ?

Mais les nuits magiques ont été les mêmes, comme si le temps qui passe ne pouvait rien changer à ce monde, au cours de la rivière Roseaux, aux pierres de lave, à l'éclat des étoiles, et que c'était un seul et même regard qui durait encore. « La nuit nous ayant alors surpris, nous soupâmes et couchâmes à la belle étoile dans ledit Enfoncement. Nous n'y trouvâmes que de l'eau saumâtre, mais le vin ne nous manquoit pas... » Quelques mots de Pingré pour dire qu'il a dormi cette année de 1751 à l'estuaire de la rivière Roseaux, quelque cent cinquante ans avant que mon grand-père n'y vienne. Pourquoi cela semble-t-il être arrivé hier soir ?

Ce soir, au cours d'une réunion chez Lindsay Danton, le directeur de la Barclay's à Port Mathurin, j'apprends qu'un certain prêtre d'origine alsacienne, le père Wolff, venu à Rodrigues en 1936 ou 1938, a cherché lui aussi le trésor de La Buse à l'Anse aux Anglais, mais sur le rivage — en vain lui aussi. Ainsi mon grand-père a su inspirer des suiveurs dans son rêve, puisque c'est lui qui, le premier, a inventé la légende du trésor de Rodrigues. La légende vit encore, et tandis que je parcours le fond de la vallée avec les plans à la main, je sens maintenant des regards discrets mais insistants qui suivent mes allées et venues. Les gens d'alentour sont aux aguets. Et si j'allais, moi, enfin trouver ce trésor ? Il ne faudrait pas manquer ce moment-là. Le trésor a poussé ses racines dans la mémoire des terriens de l'Anse aux Anglais, la légende fait partie d'eux-mêmes, et beaucoup sont nés avec elle. Elle les aide peut-être à vivre dans leur dénuement, elle est une sorte d'espoir secret dans ce lieu âpre et stérile.

Instinctivement, je reviens au poste d'observation, en haut de la pointe Vénus, là où eut lieu sans doute la grande observation du transit de Vénus en 1874, non loin de l'endroit que mon grand-père a nommé la Vigie du Commandeur. « Il y a, écrit-il en 1906, au bord de la falaise de la montagne Vénus les restes d'un fortin que surplombe, du premier "contrefort" de la même chaîne de collines, les ruines d'une ancienne tour ou plutôt d'un ancien poste d'observation. Le tout domine la rade du Port Mathurin d'un côté et la baie anglaise de l'autre. Ce "contrefort" bien caractéristique est l'un des trois points culminants que le document Savy montre en droite ligne à partir du Piton qui se détache nettement du massif central. Cette particularité l'indique comme étant indiscutablement le "commandeur" dont il est question dans l'un des documents. Sa forme arrondie explique l'allusion qu'y fait le document en question qui parle du "Comble du Commandeur". »

De là, je domine toute la région, de l'est à l'ouest, et je vois l'étendue magnifique de la mer, bleu sombre, étincelante d'écume. Le vent est si violent parfois que j'ai du mal à rester debout. Les ruines de la tour, ou du poste d'observation ne sont plus aujourd'hui qu'un cercle de pierres soudées, polies par le vent et l'eau, qui dresse un abri précaire pour quelques broussailles. Il y a quelque chose d'étrange dans cette ruine accrochée au sommet de la falaise. Ici, le signe du « M » que mon grand-père avait distingué de l'autre versant de la vallée, et dont il avait retrouvé le symbole dans une roche fracturée, comme une indication laissée par le *Privateer*, se défait comme une illusion. L'autre jambe du « M » est derrière, à plus de cent mètres, et dans le creux, il y a une vieille ferme entourée de murs de pierres sèches qui devait déjà exister quand mon grand-père est venu ici. Contre le mur bas, un chien famélique somnole à l'abri du vent. Non loin, dans la terre rouge qu'il a fouillée à la recherche d'humidité, il y a un énorme porc noir.

Combien de fois mon grand-père n'a-t-il pas dû monter jusqu'ici, en haut de cette falaise, passant devant les bâtiments coloniaux de Cable & Wireless, la compagnie anglaise des télégraphes, aujourd'hui abandonnés, et remontant à travers les champs pierreux jusqu'à l'observatoire de la *Vigie du Commandeur*. N'est-ce pas ici, du reste, qu'a dû se faire la fameuse observation du transit de Vénus en 1874, et avant elle, peut-être, celle de Pingré en 1761 ? Pour cela, sans doute, il y a dans ce lieu quelque chose de tendu, de *vigilant*, comme si le regard aigu des hommes qui se sont arrêtés ici avait laissé l'interrogation durable de l'espace.

Assis sur les pierres de la tour en ruine, frappé par les bourrasques, je regarde les collines alen-

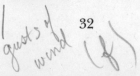

tour où surgissent les ombres des nuages pareilles à des fumées, que le vent violent entraîne vers le nord-ouest, vers la haute mer sombre. Je regarde la mer, les ourlets d'écume, l'horizon. Je regarde surtout la vallée de la rivière Roseaux, immobile, inchangée, malgré tous les toits des cases et les plantations de cocos. Exactement devant moi, à l'opposé de la vallée, il y a l'ouverture sombre du ravin où mon grand-père a fait ses fouilles, et les marques des sondages sont visibles clairement, comme les traces des chocs d'aérolithes sur la lune. Peu à peu, comme je regarde plus attentivement, je vois apparaître d'autres traces, des coups, des cicatrices sur le flanc des collines de l'est. Sur les pentes arides, les blessures ne se sont pas refermées, les pierres déplacées montrent encore la place sombre qu'elles occupaient. Tant de travail inutile me surprend et m'émeut, comme ces traces laissées par des hommes inconnus sur des lieux devenus déserts, à Monte Alban au Mexique, par exemple, ou bien dans la Vallée des Merveilles. Travail inutile ? Mais qui suis-je pour juger de cela ? Il y a un secret fébrile dans ces traces, et je ne puis le comprendre, car cela vient d'une époque pour moi inconnue, dont je ne peux percevoir que des bribes, cela parle d'une vie d'homme pour moi aussi étrangère que si elle avait été vécue il y a mille ans. Ce que cet homme a connu, ce qu'il a voulu, espéré, tout cela s'est évanoui, et il ne reste plus dans mes mains que de vieux papiers que le vent froisse, et sur le paysage de pierre dure, que ces traces fragmentées, ces signes, ces fossiles.

Chaque soir, les véritables joyaux, les étoiles. La lune aussi, magnifique dans toutes ses phases, éclairant la nuit. Vénus, pure et belle, diamant à l'éclat si intense qu'il éclaire la mer au-dessous de lui comme un phare. Vénus qui attira les astronomes anglais jusqu'ici, pour qui ils entreprirent ce long voyage, et élaborèrent cette plate-forme d'observation.

J'imagine mon grand-père, à la fin de ces journées exténuantes au milieu des rochers, ou bien creusant ses trous et ses tranchées avec comme ouvriers un ou deux hommes et un enfant, dans la chaleur torride de décembre, et la nuit venue, assis sur une roche, devant la hutte qu'il habitait (celle d'Arnold Roustier ou d'Ange Raboud), regardant Vénus étincelante dans le ciel bleu-noir, et le ciel tout entier devait alors lui sembler le plan d'un secret, comme le tracé original de tous les mystères qu'il avait entrepris de déchiffrer.

Le vent, la pluie, le soleil brûlant. L'île est semblable à un radeau perdu au milieu de l'océan, balayée par les intempéries, incendiée, lavée. L'érosion extrême de la mer a modelé ces roches jaillies des profondeurs, les a usées, polies, vieillies, et pourtant reste sur chacune d'elles la marque du feu qui les a créées.

L'île était autrefois couverte de forêts. François Leguat parle dans sa relation d'arbres géants, qu'il appelle « kastas », si grands que deux ou trois cents personnes auraient pu s'y mettre à l'abri. Ailleurs, il parle de l'« aspect admirable » de l'île : « Nous ne pouvions nous lasser de regarder les petites montagnes dont elle est presque toute composée, tant elles étaient richement couvertes de grands et beaux arbres. » Ce sont les hommes sans doute qui l'ont transformée en un tel désert, peut-être ces pêcheurs de baleine américains qui, dans leur chasse aux grands cétacés, s'arrêtaient autrefois sur l'île pour y faire provision de bois à brûler. Maintenant, Rodrigues est ce rocher désert, usé, brûlé, qui expulse les hommes. La pauvreté, la faim, la soif font la vie difficile. Seuls s'accrochent sur l'île les plus misérables, ceux qui n'ont rien à perdre : fermiers noirs vivant au fond des ravins avec leurs cabris, leurs porcs, et quelques arpents de maïs et de fèves. Depuis le départ des Anglais de la Compagnie du Cable & Wireless, il n'y a plus d'Européens. À Port Mathurin survivent quelques commerçants chinois, deux ou trois banquiers, des agents commerciaux de Port Louis. Un médecin, des bonnes sœurs, un prêtre.

Ainsi l'île est revenue aux hommes qui la méritent, qui l'aiment vraiment. L'on est si loin ici de la douceur de vivre de Maurice, des champs de canne, des plages, des villages indiens pittoresques. Ici, c'est plutôt le climat des « îlets », ces hameaux perdus dans la montagne réunionnaise, où les habitants survivent avec obstination, presque avec férocité.

Le long de l'unique piste nord-sud, les villages noirs disséminés, accrochés aux flancs des collines desséchées, parce qu'il y a quelque part un point d'eau, un puits, une source. Ils s'appellent La Ferme, Mangues, Montagne Bon Dieu, Village Patate, Limon, Plaine Corail. Partout manquent l'eau, la terre arable, l'ombre des arbres. Ne manquent pas les pierres de lave, les buissons d'épines, les cactus. Pourtant, il me semble

36

que cette misère âpre et sauvage pèse moins que la pauvreté mauricienne, pour ne pas parler de l'Inde. Il y a ici une impression de lenteur, d'éloignement, d'étrangeté au monde des hommes ordinaires, qu'on doit trouver aussi à Saint Brandon ou à Aldabra, et qui fait penser à l'éternité, à l'infini.

J'ai senti cela dès que je suis arrivé dans l'île : c'était le vent violent, peut-être, qui chassait les nuages pareils à de la fumée d'incendie sur les cimes des montagnes. Ou le bleu de la mer, intense, éclairé par le soleil, les sombres courants qui viennent à travers la passe, les plateaux noirs du corail, et les montagnes fauves, les feuilles des vacoas, les aloès, les cactus. Surtout le silence, je crois, silence chargé de lumière et de vent, qui semblait venir de l'autre bout de l'océan, du plus au sud, des régions les plus pures du monde, l'Antarctique, l'Australie, l'Océanie. Quelque chose que je ne comprenais pas bien et qui m'électrisait, emplissait mon corps et mon esprit, une lumière qui me gonflait, me nourrissait. Je l'ai senti, à chaque moment du jour, jusqu'à l'épuisement. La nuit, même, sous le bleu sombre du ciel, les étoiles si sûres, si proches, la lune glissant entre les filaments de nuages. J'ai senti que j'étais dans un lieu exceptionnel, que j'étais arrivé au bout d'un voyage, à l'endroit où je devais depuis toujours venir. Qu'importaient les jours, les heures ? Chaque seconde qui passait avait plus de force que celles que j'avais vécues ailleurs, plus de durée. Je savais cela, je l'ai su à l'instant où j'ai marché sur Rodrigues. Alors, je regardais, j'écoutais, je respirais, tous mes sens aux aguets. Même s'il n'arrivait rien de ce voyage, il y avait cette lumière, ces rochers noirs, ce ciel, cette mer. Chaque seconde que je passais avec eux m'apportait leur pouvoir, leur science. J'étais avec eux. Un jour, tandis que j'avançais seul sur mon ombre, j'ai vu une pierre ronde, une lave couleur de nuit, percée de trous, usée par l'eau et par l'air, et qui brillait au soleil d'un éclat sombre. Je l'ai ramassée, je l'ai serrée fort dans ma main. Je ne peux pas dire tout ce que cette pierre m'a fait.

La présence de mon grand-père dans ce lieu solitaire, c'est cela qui me trouble, me retient. C'est mon unique lien avec lui, car je ne sais rien de lui, hormis ces papiers et quelques photos jaunies. Je connaissais l'homme vieilli, le magistrat à la fin de sa vie, son visage maigre et anguleux, l'air à la fois rêveur et hautain, ressemblant à un vieil Indien américain photographié au début du siècle. Mais j'ai lu ses documents, écrits d'une main extraordinairement fine et lisible, ornés de dessins, de plans tracés à la plume, coloriés à l'aquarelle, tout cela qui retraçait ses années de recherche, sa quête inlassable de la cachette du Corsaire. Ces papiers, ces plans donnaient pour moi à nouveau vie à ce rêve absurde et entêté d'un homme qui avait tout sacrifié pour retrouver les traces anciennes du passage du *Privateer*, au point même de s'identifier avec lui. Mais je ne le connaissais pas encore, il n'était qu'un personnage de roman, si l'on veut, une idée. Le fait qu'il ait été le père de mon père n'avait dans le fond pas grande importance, puisque c'était un inconnu, un homme que je n'avais jamais vu et qui ne m'avait jamais vu. Un jour, pourtant, découvrant de lui une photographie, du temps où il était jeune homme, âgé de trente ans au plus, j'ai été surpris de voir l'homme qui correspondait à sa légende, l'homme tel qu'il était du temps où il traçait ces plans et écrivait ce journal. Surpris, mais non pas étonné, car il était tel que je l'imaginais : grand, mince, élégamment vêtu, mais sans recherche, avec ce visage sérieux et ce regard rêveur. Cheveux longs et abondants, barbe brune romantique, il semblait regarder au loin, au-delà de la plaque photographique, vers le temps, comme s'il cherchait à percevoir le futur. À côté de lui, sa sœur Camille, grande aussi, svelte et raffinée, jolie dans sa robe longue du début du siècle, et sa femme, Anna, plus douce, plus charnelle, si jeune d'aspect, avec sa belle chevelure blonde coiffée en chignon.

C'est cette image que je garde de lui, main-

élégance ?

39

tenant, ici, sur l'île qu'il a interrogée avec tant de fièvre pendant un quart de siècle. C'est cette image qui est dans ma mémoire, se substituant à tout autre souvenir, créant l'impression d'une proximité inévitable, le sentiment d'avoir connu cet homme, de l'avoir vu, entendu parler, de l'avoir suivi sur ces chemins de pierres jusqu'au ravin du trésor, d'avoir été là tout le temps quand il creusait ses trous de sonde ou qu'il mettait au jour de nouveaux repères, lui, mon grand-père inconnu que les années passées ne peuvent plus séparer de moi.

Pourquoi suis-je venu à Rodrigues ? N'est-ce pas, comme pour le personnage de Wells, pour chercher à remonter le temps ?

À Rodrigues, tout se sait. Maintenant, je ne
peux guère cacher ce que je suis venu chercher.
Pourtant, ce que je suis venu chercher a-t-il vraiment un nom ? Comment pourrais-je le dire ?
Bien entendu, ils ont un regard ironique, avec
un petit peu d'inquiétude, eux, les « gentle-
men », les « bourzois » de la bonne société, le
directeur de la Barclay's, le propriétaire de
l'hôtel de Pointe Vénus — que peut-on espérer
de ce tas de pierres sauvage, si ce n'est un trésor ? Oui, c'est cela, et lui-même, cet homme
qui est mort il y a quarante ans, venu ici à l'aventure, que cherchait-il ? N'était-ce pas un trésor,
le butin fabuleux provenant des rapines de La
Buse, ou d'England, l'or et les bijoux du Grand
Moghol, les diamants de Golconde ? N'était-ce
pas, peut-être, le butin d'Avery, qui, au dire de
Van Broeck, aurait capturé le trésor donné par
le Moghol Aurangzeb en dot à sa fille, et qu'il
estimait à plus d'un million de livres sterling ?

41

Avery, qui avait en son temps la réputation d'être devenu un « petit roi », avait capturé le vaisseau du Grand Moghol qui se rendait à La Mecque avec sa suite. Alors, raconte Charles Johnson dans *History of Pyrates*, « il épousa la fille du Grand Moghol, puis fit route vers Madagascar », et bientôt abandonna son navire et son équipage et sans doute son trésor (caché dans quelque île), pour se rendre à Boston, aux Amériques, où il vécut quelque temps avant de retourner mourir dans la misère à Bristol. Qu'était alors devenue sa femme, la fille merveilleuse (on ne peut l'imaginer autrement que belle) du Moghol Aurangzeb ?

N'était-ce pas cela aussi que cherchait mon grand-père, dans ce décor de broussailles et de lave, ici, dans l'un des endroits les plus pauvres et les plus isolés de la terre ? Car le trésor, c'était tout cela, c'était l'aventure fabuleuse du *Privateer*, la légende du Grand Moghol et de ses vassaux, Nizam el Moluk au Deccan, Anaverdi Khan à Arcot, la capitale du fameux Carnatic (appelé aussi Coromandel), gardée par ses deux forteresses de Gingi et de Trichinopoly. C'était aussi la chimère du domaine de Golconde, au nord du Carnatic, une forteresse inexpugnable, construite en haut d'un rocher à trois lieues de la cité légendaire d'Hyderabad. C'est là qu'était enfermé, selon la légende, le fabuleux trésor des « nizam », les vassaux du Grand Moghol, amassé depuis des siècles. Les diamants de Golconde avaient été le rêve des conquérants venus du Portugal, de l'Espagne, de Hollande, avant d'être le délire des écumeurs des mers à la fin du XVIIIᵉ siècle. Songe-creux, car lorsqu'ils entrèrent enfin dans le Deccan, les conquérants européens ne découvrirent pas l'Eldorado qu'ils escomptaient, mais la pauvreté des villes et des peuples dans un pays où il y avait plus de poussière et de mouches que d'or. N'était-ce pas le même rêve qui s'était dissipé lorsque Coronado, croyant découvrir les cités de Cibola aux toits d'or et de pierreries, arriva enfin devant les villages de boue séchée des Pueblos, n'était-ce pas le même rêve, lorsque René Caillié entra pour la première fois dans Tombouctou et vit que la cité mystérieuse n'était en fait qu'un rendez-vous de chameliers ?

Comment mon grand-père a-t-il pu croire à la légende du trésor de Golconde, et surtout à celle de la dot de la fille d'Aurangzeb capturée par Avery ? À l'époque où Avery écumait la mer des Indes, c'est-à-dire entre 1720 et 1730, ce n'était plus Aurangzeb qui régnait sur l'Inde, sur les nababs et souhabs, mais un usurpateur, nommé Mohammed Shah, qui avait renversé en 1720 Farruk Sihar, lui-même cousin de Shah Allan et de son frère Djahandar, fils d'Aurangzeb qui était mort en 1707. Quant aux pirates — ceux que mon grand-père appelle les

43

Privateers — ils n'ont commencé à naviguer dans la mer des Indes que lorsqu'ils furent chassés de la mer des Antilles, c'est-à-dire à partir de 1685. Cela coïncidait d'ailleurs avec l'expansion des trois grandes compagnies marchandes, la Compagnie des Pays lointains pour la Hollande (fondée en 1595 à Amsterdam) ; la Compagnie des Marchands trafiquants aux Indes orientales pour l'Angleterre (fondée en 1600) et la Compagnie des Indes orientales pour la France (fondée par Colbert en 1664). Les prédateurs de la mer des Indes — Taylor, La Buse, Avery, Cornelius, Condent, John Plantain, Misson, Tew, Davis, Cochlyn, Edward England et tant d'autres — n'ont acquis leur gloire que par ces géants aux dépens desquels ils vivaient : ces formidables compagnies marchandes qui ont été les premiers véritables agents de la colonisation européenne, et qui ont ouvert la route de l'Orient, d'abord par des échanges pacifiques, puis par la violence armée, divisant d'immenses territoires, des océans, répartissant entre elles cette moitié du monde.

N'est-ce pas ce passé extraordinaire qui est au cœur du trésor, le secret de ces mouvements de digestion du monde de l'Europe triomphante ? Aller à la recherche de ces mers et des îles où passèrent autrefois les navires, parcourir l'immense champ de bataille où s'affrontèrent les armées et les hors-la-loi, c'était prendre sa part

44

du rêve de l'Eldorado, chercher à partager, près de deux siècles plus tard, l'ivresse de cette histoire unique : quand les terres, les mers, les archipels n'avaient pas encore été enfermés dans leurs frontières, que les hommes étaient libres et cruels comme les oiseaux de la mer, et que les légendes semblaient encore ouvertes sur l'infini.

Terre brûlée : noire, dure, qui refuse l'homme. Terre indifférente à la vie, rocs, montagnes, sables, poussière de lave.

Chaos basaltique de la baie Malgache, cônes arides, lunaires, que mon grand-père a notés dans ses plans, qui servaient, disait-il, de repères aux navigateurs : le Limon, le Malartic, le mont Patate, le mont Lubin, le Bilactère, le Charlot, le pic Malgache, le Coup-de-sec, le Diamant. Les ruisseaux, les ravins qui creusent le flanc des collines, vont droit à la mer : rainures sans eau, profondes comme des rides, qui montrent l'intérieur noir et poudreux de la terre, blessures et balafres qu'un simple coup de vent efface, fait s'effondrer. Comment mon grand-père a-t-il pu espérer trouver ici des traces humaines, un souvenir vieux de deux siècles ? Comment a-t-il pu, année après année, chercher l'ombre du *Privateer* entre ces rochers, sous ce ciel, voyant toujours la même forme des monts, semblables à des géants effrités ? Y a-t-il ici chose qui dure plus que le vent, la lumière et la mer ? La lave, peut-être, incroyablement dure, mais elle apparaît et se cache au gré des orages ou des avalanches de poussière noire. Les roches de lave semblent des ossements noirs, brûlés, qui glissent sur eux-mêmes, ou remontent à la surface sous la poussée de la terre, jouets dans la main d'un dieu inconnu.

Sont-ce là les signes qui ont guidé mon grand-père, quand il traçait ses plans de recherche ? Mais des leurres plutôt que des signes, ces blocs de lave qui changent de place à chaque saison, qui surgissent tout à coup au milieu des alluvions de la rivière Roseaux, ou disparaissent, avalés par la boue du marécage. Comment croire à de tels signes ?

Et pourtant : comment ne pas voir dans ce paysage désertique, façonné par le vent et par la pluie, imprégné de soleil, l'expression d'une volonté ? Message laissé comme par inadvertance par quelque géant terrestre, ou bien dessin de la destinée du monde. Signes du vent, de la pluie, du soleil, traces d'un ordre ancien, incompréhensible, pareilles à ces graffiti gravés dans la lave, à l'ouest du Nouveau-Mexique, ou sur le mont Curutaran, au centre du Mexique. Il me semble, tandis que je marche ici, au fond de cette vallée, entre les collines noires, que je suis parvenu dans un autre monde, qui n'appartient pas aux hommes modernes ni même aux

46

pirates : le monde d'avant les hommes. Il y a ici le silence, le vent, la lumière, et je sens encore sous mes pieds le feu profond de la terre. Je vois les racines des vacoas, des tamariniers accrochés à la terre brûlante, je vois ces feuilles lisses, aiguës comme des lames, et je comprends que ce message que je cherche, qui est écrit au fond de cette vallée, ne peut me parvenir, seulement m'effleurer. Comme une parole qui viendrait d'un bout du temps, et qui irait en volant droit devant elle, vers l'autre bout du temps.

Devant la beauté de ce paysage simple et pur : lignes des collines pelées, ligne de la mer, blocs de lave émergeant de la terre sèche, chemin des ruisseaux sans eau, je pense aux tracés compliqués de mon grand-père, ces plans, ces réseaux de lignes, pareils à des toiles d'araignées, pour capturer le secret disparu. C'est vrai, cela peut sembler absurde, inutile, un enchevêtrement, un embrouillamini qui cachait alors la réalité de cette île pauvre, de cette terre nue, où la vie d'un insecte et d'une plante est déjà un bien grand miracle.

Mais peut-être était-ce nécessaire ? Sans ces tracés de lignes, mesures d'angles, repérages, axes est-ouest, calculs méticuleux des points, est-ce que cette terre aurait existé, est-ce qu'elle aurait eu une signification, est-ce qu'elle aurait pris forme sous ses yeux, je veux dire, non plus comme n'importe quel point indifférencié de la planète, mais comme cette « Anse aux Anglais » choisie par le *Privateer* pour y cacher son or et ses diamants, c'est-à-dire l'un des lieux les plus puissants et les plus secrets du monde ? Ainsi faisaient les premiers hommes, lorsqu'ils donnaient leurs noms aux endroits de la terre, montagnes, rivières, marécages, forêts, plaines d'herbes ou de cailloux, pour les créer en même temps qu'ils les nommaient. Alors chaque parcelle de ce paysage devient un symbole. Le « marécage où marne la mer », près de l'estuaire de la rivière Roseaux, la courbe lente de la rivière vers l'est, puis vers le sud, les collines sombres de l'ouest, dominées par le « Comble du Commandeur » en forme de M majuscule. L'ouverture du ravin à l'est, avec son cul-de-sac et son verrou de pierres, et la grande roche taillée en forme de M majuscule qui répond au signe de l'ouest. Enfin, les deux pierres poinçonnées, l'une à l'ouest, l'autre à l'est, traçant la ligne géométriquement perpendiculaire à l'axe donné par le cours général de la rivière. Le point O, « figure de l'organeau marin poinçonné en creux dans la pierre », et tous les autres points qui déterminent ce paysage, lui donnent son sens, son histoire.

Le point δ : « Autre figure de l'organeau, plus grande et moins accentuée, la nature de la pierre ne se prêtant pas à un travail aussi soigné que celui du point O. Le corsaire a utilisé pour ces marques, comme on peut le voir, des pierres à demeure. »

Le point R : « Coin nettement poinçonné dans la pierre, dont l'un des pans est dirigé vers le point Z. »

Le point Z : « Énorme bosse en forme de fût de colonne, enterrée perpendiculairement dans le sol, et dont le sommet supérieur, aminci par deux pans parallèles, était dirigé vers le point 29. »

Le point Y : « Triangle rectangle isocèle poinçonné dans une des parois verticales de la pierre. »

Le point P : « Figure en forme d'équerre, poinçonnée dans une position oblique sur la paroi verticale de la pierre. »

Le point E : « Triple rainure au poinçon rayonnant vers δ, F et 30. »

Le point F : « Trait long et profond poinçonné dans la pierre, dirigé vers le point 29. »

C'est ce fouillis de lignes, d'angles, de points de repère, qui recouvrent le dessin simple et facile de l'Anse aux Anglais, année après année, traçant leur réseau de plus en plus compliqué sur ces quelques arpents de terre où mon grand-père a vécu presque sans détourner son regard. Absurde, inutile travail d'arpenteur, de géomètre, mais puis-je en juger ? Cette terre n'est pas seulement la terre. Ainsi les hommes ont-ils recouvert la beauté indicible du ciel nocturne rempli d'étoiles avec les dessins de leurs constellations, les divisions des heures sidérales, les degrés de déclinaison. Alors sont apparues les figures mythiques du ciel, le Chien, le Poisson, le Chariot, le Serpent, le Dragon, qui disaient le désir des hommes de comprendre l'ordre secret du monde, le destin commandé par les dieux. Ici, dans l'Anse aux Anglais, c'est un autre ordre que cherchait mon grand-père, peut-être celui de sa propre destinée. Peut-être ce point inconnu qui ferait enfin coïncider sa vie avec celle de ce mystérieux voyageur qui n'avait laissé qu'une carte de ce lieu en guise de testament, et dont l'aventure lui livrerait, au-delà des barrières de la mort, le trésor brillant des mille feux de la vie éternelle.

En septembre 1914, alors que le monde bascule dans la première tragédie universelle, il ne voit rien d'autre, n'entend rien d'autre que le bruit de sa quête, et c'est alors que le labyrinthe a atteint le comble de sa complication : « Il s'agirait donc de chercher aux sommets rectangles de ces triangles, c'est-à-dire au point 29 ou au point 30. Le groupement et la direction de convergence de ces quatre repères (F, Y, G, E) semblent laisser peu de doutes sur leur signification. Nous avons d'ailleurs fait remarquer déjà que la borne du point Z indique la direction Z — 29. On pourrait par extension dire, par analogie et pour des motifs géométriques qui ont peut-être influé sur l'intention du Corsaire, que les points 32 et 27 sont indiqués à défaut de 29. Les explorations devraient donc commencer par les points 29 et 30, et être poussées de là vers 33 et 31 de façon à comprendre l'étendue du triangle 33-29-31 — et, si besoin était, être continuées aux points 33 et 27. En fouillant 29 et 30 dans un rayon de 6 à 7 pieds, pour commencer, il ne resterait pas grand-chose à faire pour compléter l'exploration du triangle 33-29-31 ; s'il faut en croire certaines indications des documents, le trésor aurait été caché dans l'angle droit gauche supérieur ou l'angle inférieur, à droite, autour du point 29. Comme ceci :

Puis il note, avec cette précision qui chez lui tient aussi de l'humour : « En faisant ces explorations il faut évidemment tenir compte des indications données par la nature du sol et ne pas insister là où la constitution géologique implique une impossibilité flagrante. Néanmoins, il ne faudrait pas se hâter de conclure, car il est possible que le Corsaire, pour décourager les recherches, ait accumulé à l'endroit de sa cachette des pierres destinées à donner au terrain l'apparence d'un éboulis naturel ancien. Le fait que deux de ses repères (Y et Z) étaient

51

dissimulés sous de gros blocs de pierre implique qu'il a pu agir de même pour le site du trésor. »

Ainsi voguaient les Anciens, sous l'incertitude des cieux chargés d'étoiles, dans la confiance aveugle, et dans l'inquiétude de ne pas voir venir l'instant de leur propre mort.

wandered, sailed

? de l'ordre du monde

le Q.P. a essayé d'en poser quelque ordre mais c'était plus fort
plus fort.

Le rêve de mon grand-père, c'est surtout le rêve de la mer. Non pas la mer telle qu'il pouvait la voir au Port Louis, quand il y allait pour ses affaires : mer chargée de bateaux, paquebots en provenance de l'Europe ou de l'Inde, ou simples chasse-marée apportant leur cargaison de cannes, route commerçante plutôt qu'océan. Ni la mer si belle et si calme des lagons, à Mahébourg, à la pointe d'Esny, à Poudre d'Or, du côté de l'île aux Cerfs, tous ces bords de mer où on allait (déjà) en vacances, avec les enfants et les nourrices, pour quelques jours de robinsonnade dans les campements.

La mer qui l'a attiré : j'imagine que c'est d'abord dans les livres qu'il l'a rencontrée, dans les récits extraordinaires des navigateurs qui se trouvaient dans la bibliothèque de son père, et qu'il a dû lire, comme moi, dès l'enfance : Dumont d'Urville, Bougainville, Jacob de Buccquoy, D'Après de Mannevillette, l'Abbé Rochon, Ohier de Grandpré, Mahé de la Bourdonnais, Lislet Geoffroy, tous ces hommes qui parcouraient le monde à la recherche de terres nouvelles, d'îles inconnues, au péril de leur vie, et dont la vie n'avait de sens que par l'aventure. La mer qu'ils avaient aimée, qu'ils avaient connue, qui les avait fait souffrir, qui pour certains d'entre eux avait été la mort. Cook, Magellan, à la recherche du sud extrême, allés jusqu'aux limites du monde. La mer qu'avait affrontée François Leguat et ses compagnons, sur un esquif de fortune, pour fuir Rodrigues et joindre Maurice où les attendaient les geôles des Hollandais. La mer qu'avaient traversée les premiers explorateurs des Mascareignes, quand chaque marin était un héros : Charles Marie de Latour, Corentin Pislot, Albin Marion, qui naviguaient sur le *Zodiaque*, Pierre Marie de Fleury, Michel Dubreuil sur le *Fortuné*, Jonchée de la Goleterie sur le *Mars*, qui croisait en 1727 au large de Juan de Nova, de Perros Banhos, de Rodrigues, puis partait vers l'Ouest africain.

La mer qu'avaient battue pirates et corsaires pendant près d'un siècle, conquérant un empire, à Antongil, à Sainte Marie, à Diego Suarez.

La mer qu'avait traversée, au lendemain de la Révolution française, sur un brick nommé l'*Espérance*, mon aïeul François Alexis Le Clézio, croyant périr plusieurs fois dans les tempêtes, chassé par les pirates ou par les navires anglais, et arrivant un jour en vue de l'Île de France où l'attendait une vie nouvelle.

54

C'est cette mer-là que mon grand-père a dû rêver, une mer qui est elle-même la substance du rêve : infinie, inconnaissable, monde où l'on se perd soi-même, ou l'on devient autre.

La mer profonde, violente, d'un bleu sombre au-delà des barrières de corail, aux vagues hautes comme des collines mouvantes que frangent les nuages d'embruns. La mer lourde et lisse des journées qui précèdent l'ouragan, sombre sous le ciel chargé de nuages, quand l'horizon est trouble et fume pareil au bord d'une cataracte. La mer presque jaune du crépuscule, en été, nappe d'huile sur laquelle passent des frissons, en cercles brefs, où s'allument les étincelles du soleil, sans aucune terre qui ferme l'espace. La mer comme le ciel, libre, immense, vide d'hommes et d'oiseaux, loin des continents, loin des souillures des fleuves, avec seulement, parfois, au hasard, des poignées d'îles jetées, si petites, si fragiles qu'il semble qu'une vague pourrait les submerger, les effacer à jamais. La mer, le seul lieu du monde où l'on puisse être loin, entouré de ses propres rêves, à la fois perdu et proche de soi-même.

C'est cela, j'imagine, que cherchait mon grand-père, quand il a pris la mer pour la première fois (vers 1901 ou 1902) pour aller à Rodrigues sur la goélette *Segunder*, commandée par le capitaine Bradmer.

J'imagine aussi la première rencontre de mon grand-père avec le navire sur lequel il allait voyager entre Maurice et Rodrigues pendant près de trente ans. Comment était-il ? Je vois une goélette deux-mâts à voiles auriques, un schooner, ou peut-être simplement un ketch à un mât. C'était un voilier en tout cas, car, à cette époque, seuls les grands paquebots qui faisaient le service entre l'Inde et l'Angleterre naviguaient à la voile et à la vapeur. Je vois le navire de mon grand-père assez large et ventru, avec un avant plutôt relevé comme les pinasses qui faisaient du cabotage le long des côtes. Il avait été fait sans doute dans les chantiers navals de Port Louis, ou de la rivière Noire, construit en bois lourd, et ponté sans château, sans passerelle, avec le poste de barre légèrement abrité par un surplomb à l'arrière. Ce sont les mâts et les cordages qui ont dû attirer le regard de mon grand-père, car, en ce temps-là, le gréement n'était pas très différent de ce qu'il avait été sur les magnifiques voiliers des explorateurs, l'*Endeavour* du Capitaine Cook, ou l'*Astrolabe*, de Dumont d'Urville, ou encore les vaisseaux des pirates, le *Victorieux* de La Buse, la *Défense* de Taylor, ou le *Flying Dragon* de Coydon.

Je l'imagine bien ainsi : un deux-mâts schooner, avec ses voiles auriques soutenues par des doubles vergues et, à la proue, suspendus au beaupré les trois focs effilés comme des ailes d'oiseau de mer, grand foc, petit foc, clinfoc.

Les haubans, les drisses, les étais entre les mâts inclinés en arrière, les écoutes, les échelles de corde qui vont jusqu'à l'étroit poste de vigie en haut du mât d'artimon, tout ce réseau de cordes et de nœuds qui maintient la voilure et sait prendre le vent à son piège.

Le pont de bois brillant et décoloré par l'eau de mer, les écoutilles relevées qui montrent l'intérieur du navire, la cale sombre et chargée d'odeurs mystérieuses, mélange d'épices, de graisse, d'huile rance et de fumée qui contraste avec les relents de canne à sucre fermentée qui flottent sur le port. L'aventure, pour mon grand-père, c'était déjà cela, l'odeur de la cale du *Segunder*, le pont mouillé où s'affairaient les marins indiens, comoriens, chinois, l'inclinaison des mâts et le réseau des cordages, la roue de la barre, aux poignées de bois polies par les paumes des pilotes, le bruit grinçant de la coque contre les butoirs du quai et le gémissement des amarres sur les bittes et les bolards.

Le *Segunder*, c'était la forme même du rêve et du voyage, effilé, malgré son ventre, élégant comme l'oiseau de mer qui avait donné son nom aux navires, prêt à traverser la mer jusqu'aux îles secrètes où la légende avait gardé ses trésors : Frégate des Seychelles, Perle de Saint Brandon, Sainte Marie, Diego Garcia des Chagos, Rodrigues, ou encore cet endroit sur la côte ouest de l'Île de France qu'un marin breton prisonnier à la Bastille avait désigné dans une de ses lettres, et qui avait fait naître le rêve. C'est en se fondant sur cette lettre que quelques esprits enthousiastes crurent à la fable du trésor de Flic en Flac et allèrent même jusqu'à fonder une société par actions, dénommée « Klondyke », qui avait déjà réparti le butin convoité entre ses membres.

Le navire *Segunder*, que mon grand-père rencontra alors sur les quais du Port Louis, prêt à partir avec sa cargaison de marchandises pour les îles lointaines de l'océan Indien, pour en ramener les bois précieux (rares déjà à Maurice) et les barils d'huile de coprah, n'était-il pas à la fois la négation et la confirmation de l'aventure, promise par tant de paperasses et de documents douteux ?

Quand est-il parti pour la première fois ? En 1903, il rédige son texte explicatif relatif au trésor de Rodrigues, texte qu'il augmentera et remaniera ensuite au moyen de notes et de corrections, jusqu'en 1926. Mais son premier voyage à Rodrigues, il a dû le faire en avril 1902, en mission officielle, en tant qu'administrateur et magistrat de l'île, jusqu'en juin de la même année, quand un certain Herchenroder prend sa relève. En tout, il fait trois voyages officiels à Rodrigues : le deuxième, de juillet à décembre

1913, et le troisième, de décembre 1918 à avril 1919. Alfred North-Coombes, qui donne la liste des administrateurs de Rodrigues fait preuve d'un humour non dénué de malice en notant que les séjours de mon grand-père ne furent marqués d'aucun événement d'importance, sinon qu'il eut à juger un parricide et qu'il en fut très ennuyé, préférant faire transférer l'assassin à Maurice plutôt que d'avoir à rendre une sentence. North-Coombes ajoute que cet événement ne suffit pas à dissiper l'impression de profond ennui que mon grand-père ressentit lors de ces séjours forcés à Rodrigues. Le chroniqueur anglais ne pouvait évidemment pas imaginer que sous l'apparence du jeune magistrat vêtu de noir et à la mine sévère se cachait un chercheur de chimères ! Et mon grand-père avec la pudeur (ou la timidité) des vrais chercheurs de trésor a fait tout ce qu'il a pu pour cacher le but de ses voyages sur le *Segunder*, et ses fouilles obstinées dans le ravin brûlé de l'Anse aux Anglais. Ceux qui le connaissaient et le rencontraient parfois au palais de justice du Port Louis ne l'auraient pas reconnu dans ses habits poudreux et tachés de sueur, tête nue, le visage et les bras brûlés de soleil, quand il creusait lui-même ses trous de sonde dans le lit asséché de la rivière Roseaux.

C'est cela sans doute qui m'attire tout d'abord, beaucoup plus que la légende du

59

trésor caché par l'écumeur des mers. Des trésors, après tout, il y en a beaucoup, et aussi beaucoup de chasseurs de trésors qui cherchent en vain à découvrir le secret qui toujours se dérobe. Mais penser que cet homme courtois, élégant, profondément bon et honnête a passé la plus grande partie de sa vie à poursuivre une chimère, qu'il a placé là tous ses espoirs — la revanche sur tous ceux qui l'avaient maltraité et ruiné : payer ses dettes, racheter la maison de sa famille d'où il avait été expulsé, assurer l'avenir de ses enfants —, penser à cette folie, à ce vertige qu'il éprouvait alors qu'il parcourait la vallée solitaire à la recherche des signes et des points de repère du *Privateer*, penser à ce rêve fixe qui était le sien, qui le rongeait au fond de lui-même et le rendait étranger alors au reste du monde : c'est cela que je trouve émouvant, inquiétant. C'est cela que je veux comprendre.

Je parcours la vallée de l'Anse aux Anglais, allant de cache en cache, et je découvre peu à peu les traces qu'il a laissées, les meurtrissures sur les roches, les blocs qu'il a fait rouler ou qu'il a déplacés, les signes et les symboles qu'il a reconnus, qu'il a fait siens : pierres trouées, incisées, rochers marqués du triangle de l'organeau, trous creusés à la base de la falaise de l'est, et qui sont visibles du haut du Comble du Commandeur comme des cratères, balcons de pierres qu'il a dressés pour y installer un abri de fortune contre le vent et la pluie, coups de sonde à la base des rochers, qui ont mis à nu une pierre plus sèche, plus brillante. Tandis que je traverse la vallée, remontant le cours du ruisseau au-delà des dernières fermes, je crois voir par moments les traces de ses pas sur le sable du lit, ou sur la terre poudreuse entre les morceaux de basalte et de lave.

C'est étrange, ce regard d'un homme mort depuis si longtemps (il y a plus d'un demi-siècle, bien avant ma naissance) et qui continue d'habiter dans cet endroit. L'Anse aux Anglais n'est pas un grand territoire. J'ai du mal à évaluer ce que ce domaine représente. Sur les actes d'achat datés l'un de 1906, l'autre de 1913, il est fait état de deux concessions, l'une de treize acres et demi, l'autre de trois acres, répartis de chaque côté de la rivière Roseaux. C'est là que mon grand-père a passé l'essentiel de sa vie, en rêve et en réalité, durant plus de trente ans, sur ce périmètre limité à l'est et à l'ouest par des collines arides, couleur de lave, au nord par le marécage et la mer, et au sud par les silhouettes des hautes montagnes désertes. Toute son aventure était réduite à ces seize acres et demi de terre aride, à ce ruisseau intermittent, à ces collines de pierres où courent les cabris, à ces touffes de vacoas, à ces quelques tamariniers noircis par le soleil. Quelques cailloux, quelques marques, quelques éboulis, des broussailles, du sable, voilà

61

ce qu'il a vu pendant toutes ces années, un domaine à peine plus grand qu'un jardin, enfermé au fond d'une vallée, avec le poids du soleil et le vent qui chasse les nuages dans le ciel et, au loin, la mer, comme un mirage de turquoise. Domaine pour les fourmis, les scolopendres et les crabes de terre — d'ailleurs n'est-ce pas là sa seule vraie trouvaille, comme le raconte avec humour le seul survivant de cette époque, le vieux Fritz Castel, qui avait été engagé par mon grand-père alors qu'il était encore enfant pour l'aider à creuser ses trous : en creusant, ils avaient déterré un crabe de belle taille, et ils l'avaient fait cuire et l'avaient mangé !

Pourtant, quand je suis ici, je sens ce que ce domaine a d'inépuisable. C'est un sentiment étrange, comme si j'étais au même instant au fond de la vallée, et perché sur les collines de pierre en train de regarder le lit de la rivière Roseaux. Ou bien comme si, perdu dans les broussailles vers le haut de la vallée, là où le ruisseau n'est qu'un mince filet d'eau qui parfois se divise et se perd au milieu des vacoas, je voyais à l'autre bout, sur les collines qui surplombent la mer, passer de fugitives silhouettes humaines, un frémissement d'ombres semblable à un mirage.

C'était le domaine qu'il s'était assigné, qu'il s'était choisi. Que lui importaient les gens de Maurice, le regard ironique ou hostile des « bourgeois » de Curepipe et de Rempart

Street ? La seule déchirure qu'il a dû ressentir, c'est chaque fois qu'il a laissé la femme qu'il aimait, et ses enfants, pour partir vers ce désert. Mais ici, chaque pierre, chaque lave, chaque fissure dans les rochers, chaque marque du temps, chaque arbre ou chaque buisson épineux portait un sens profond, véridique, était chargé d'un secret mystère dont il était le seul à avoir perçu l'appel : alors s'ouvrait pour lui la vallée de l'Anse aux Anglais, pour lui s'écartaient les silhouettes des montagnes, et cette terre devenait aussi vaste que le ciel et que la mer. Ici, chaque butte avait un sens, elle grandissait à la lumière de ce secret comme une ombre, et son nom même devenait symbole : elle s'appelait la Vigie, le Comble du Commandeur, le Piton. Une faille dans le roc était la trace d'une ancienne source, un éclat dans la pierre basaltique, ou un trou dans le sol étaient les signes laissés par le Corsaire, et le dessin de la nature semblait avoir été façonné tout entier selon le caprice de cet homme — ou ce démon créateur — qui avait dissimulé là son trésor.

Mais ce trésor, qu'était-il ? Ce n'était pas le butin des rapines de quelques pilleurs des mers, vieux bijoux, verroteries destinées aux indigènes de la côte des Cafres ou des Moluques, doublons ou rixdales. Ce trésor, c'était donc la vie, ou plutôt, la survie. C'était ce regard intense qui avait scruté chaque détail de la vallée silencieuse, jusqu'à imprégner les roches et les arbustes de son désir. Et moi, aujourd'hui, dans la vallée de l'Anse aux Anglais, je retrouvais cette interrogation laissée en suspens, j'avançais sur ces traces anciennes, sans plus savoir si c'étaient celles de l'écumeur de mer qui avait laissé là sa mémoire, ou celles de mon grand-père qui l'avait traqué.

J'ai pensé souvent à Jason, à sa quête en Colchide, comme la raconte Valerius Flaccus. J'y ai pensé plutôt par hasard, parce que l'aventure des passagers du navire *Argo* me semblait d'abord très différente de celle de mon grand-père. Pourtant, c'est ici, à Rodrigues, que j'ai le mieux ressenti tout cela : Jason errant à la recherche d'un hypothétique trésor, allant toujours plus loin, se jetant dans les tempêtes meurtrières, dans les combats, rencontrant même l'amour dévorant de Médée, tout cela me semblait plus réel à présent, sur cette île, grâce à la mémoire de mon grand-père. Que voulait Jason ? Le pouvoir, le rêve de l'or, ou la vérité d'un accomplissement magique ? Qui l'avait investi de ce rôle, qui l'avait jeté hors de lui-même, sur ce navire de lumière dont la poupe ne cesse pas d'avancer dans le ciel ? N'était-ce pas la vérité de l'aventure, lorsque l'on se joue soi-même sur le lieu du coup de dés ? Cela, et d'autres choses encore, qui ont pour nom : l'extrémité, la fin des terres, l'inconnu, l'autre versant du monde, le monde nouveau. Les Strophades, les côtes de l'Euxin, puis la Colchide, les limites de la terre.

L'aventure de mon grand-père, c'était cela : non pas la quête de la Toison d'or, ni celle des rixdales du Pirate, mais la fuite devant sa destinée (comme un navire fuit la tempête), et sa propre prise au piège (Jason envoyé à une mort certaine par son ennemi Pelias). C'était se mesurer à l'inconnu, au vide, et dans les dangers et les jours d'exposition et de souffrance, se découvrir soi-même : se révéler, se mettre à nu. Pour mon grand-père accablé de dettes, menacé d'être déchu de sa charge de juge (car un magistrat ne saurait être endetté), spolié par sa propre famille et chassé de la maison où il était né, avec sa femme et ses enfants, sachant alors que l'horizon étroit de Maurice s'était fermé sur lui, la seule aventure c'était donc partir, aller en mer, aller vers l'horizon, chercher le lieu de son rêve. C'était la seule aventure, non pas pour oublier, mais pour savoir qui il était vraiment. C'est pourquoi l'échec de cette aventure, à la fin de sa vie, l'attrista tellement.

Alors la rencontre du *Segunder* et du capitaine Bradmer était un espoir, une ivresse comme il n'en avait pas connu auparavant. Malgré moi, encore je pense au navire *Argo*, tel que le fit construire Minerve, prêt à appareiller pour son

65

voyage irréel. Un navire invincible, triomphant, qui pouvait affronter toutes les tempêtes, un navire plein de puissance divine. Fait des chênes des « sombres forêts de Pelion » et des larges planches de pin équarries par Argus, courbées et polies « à la chaleur d'un feu tempéré ». Ainsi fabriquait-on les navires sur les chantiers du Port Louis, ajustant les planches et leur donnant la courbe de l'étrave : goélettes, trois-mâts barques, ketches, ou simples chasse-marée. Évidemment, le *Segunder* ne devait pas avoir l'éclatante beauté du navire *Argo*, navire de lumière façonné par des dieux ! Mais peut-être mon grand-père l'a-t-il vu alors, amarré aux quais du Port, contrastant avec l'ombre des arbres de l'Intendance, tel que le décrit le poète, « triomphant et la poupe dorée », quand « le soleil est à son déclin ». Peut-être pensait-il au moment du départ, quand *Argo* s'éloigna pour la première fois des rivages, « tel, serrant contre son sein de jeunes tigres ravis par ruse à leur mère qui les avait un instant délaissés pour chercher sa pâture sur le mont Amanus, le chasseur fuit rapidement les bois qu'il a ravagés, et presse son cheval qui tremble sous son maître : tel fuit le vaisseau, et les mères, le long du rivage, suivent des yeux les blanches voiles et les boucliers étincelant aux rayons du soleil, jusqu'à ce que la vague ait dépassé le mât, et que l'immensité de l'espace ait dérobé la vue du vaisseau ».

Est-ce que toutes les aventures ne sont pas

celle-là, ce vaisseau qui s'éloigne des rivages, ces voiles qui disparaissent derrière la courbe du monde ? C'est à cela que devait songer mon grand-père, alors : être celui qui disparaît, être celui qui entre dans la vague.

La mer, c'est aussi la promesse de mort, la tempête. Mon grand-père ne pouvait pas oublier le cyclone de 1892 qui avait ravagé Maurice et noyé une grande partie de la côte sous un raz de marée. La mer des Indes, c'était aussi la fureur, la violence des éléments. Mais *Argo* franchit toutes les tempêtes : « le ciel est en feu, le tonnerre gronde, la nuit enveloppe l'espace de ténèbres épaisses. La rame échappe aux mains. Le vaisseau tourne, prête le flanc aux coups des vagues mugissantes. Un tourbillon emporte la voile qui flotte au-dessus du mât disloqué ». Mais c'était cette violence qu'il recherchait peut-être, celle qui donne la mesure de l'homme, qui le place dans la main de Dieu. Chaque fois que mon grand-père quittait son monde, c'était pour trouver celui du vent, de la mer, de la foudre. C'était pour trouver le monde où brille le soleil sans abri, sans ombre. Quand il touche à l'autre monde, dans son ravin de Rodrigues, tout redevient possible. La magie de la solitude peuple la terre de fantômes : Jason rencontre le fils du Soleil, il ressent l'amour pour Médée, il combat les Bebryces, les Mycèles, les Hyrcaniens, qui sont des ombres. Le *Privateer* est pareil

67

au dragon qui détient la Toison d'or, mais jamais mon grand-père ne le rencontra. Battu par les fantômes, son navire *Argo* ne lui donnait que le néant, un vide de soleil, de vent, de mer. Ainsi se termine l'aventure, un jour, avec la vie, et l'on sait qu'on n'a plus rien à conquérir. Mais j'imagine qu'après ces trente années, c'était sur un navire de rêve qu'il naviguait, voyageant sur une mer sans limites, vers des îles où chaque roche était le signe d'un trésor. *Argo* le rapide, le léger, l'éblouissant. « Le vaisseau fatidique qui, dirigeant sa course à travers les écueils trompeurs, osa voguer à la recherche du Phase, en Scythie, et qui enfin trouva le repos dans l'Olympe illuminé. »

Je pense au ciel nocturne que mon grand-père pouvait voir chaque soir, avant de s'endormir, devant son campement de l'Anse aux Anglais. C'était le même ciel qu'à Moka, ou à Rose Hill, et pourtant il devait lui sembler bien différent. Plus pur, plus net, avec cette profondeur et cette brillance que seuls donnent les paysages minéraux, comme si les roches basaltiques et les blocs de lave avaient déjà préparé le retour vers l'espace.

Il n'avait, dans sa solitude, rien qui pouvait l'en distraire. Chaque soir, la nuit se dévoilait pour lui, avec ses richesses d'étoiles. Ici, c'était l'un des lieux les plus proches du ciel — n'avait-il pas été choisi deux fois pour l'observation du transit de Vénus ? Est-ce à cause de ce ciel que je pense si souvent à l'aventure du navire *Argo* ? Combien de fois a-t-il dû le regarder se lever à l'horizon, au-dessus des collines, à l'ouest de la Croix du Sud ? Dressant lentement sa poupe, sa courte voile en forme de trapèze gonflée au vent sidéral, portant à ses deux extrémités, comme des fanaux, les feux de Canope et de Miaplacidus. Navire éternel, guidé par Minerve et par Junon, et qui semble dériver sur la route sans fin qui va de Sirius à la Croix du Sud. La plus belle constellation de l'univers, et je ne peux m'empêcher de rêver au regard de mon grand-père, dans le creux minuscule de son Anse aux Anglais, qui cherchait peut-être en elle, chaque nuit, à l'issue de ces journées torrides et vaines, comme l'apaisement de ses désirs insatisfaits et le courage d'aller plus loin dans la poursuite de sa chimère.

Ce qui m'étonne le plus, dans cette aventure qu'à vécue mon grand-père, c'est tant de visions dans un espace aussi restreint, ou, pour mieux dire, tant de folies et de chimères exprimées avec tant de précision. Il y a le vide du ciel, l'appel de la mer, les oiseaux, les lames des vacoas, cette ivresse de la pierre brûlée, de la mer et du vent qui forment Rodrigues. Récif plutôt qu'île, rocher pour les véritables maîtres de la mer, qui vivent par milliers sur les îlots qui émergent de la ceinture de corail, Gombrani, l'île aux Foux, Baladirou, Cabris, la Butte aux Sables, l'île Plate, Pierrot, Simon, Grenade : refuges des fous, des sternes, des goélands, des albatros, des gasses, des cormorans, des pétrels, des frégates, des skuas, des fulmars, des pluviers, des guillemots, tous ceux qui autrefois vivaient libres sur les rivages de Rodrigues et que l'arrivée des hommes a chassés aux limites du lagon. Île toujours sous la menace de la mer, où l'homme n'a plus d'ambitions, doit apprendre à n'être que lui-même, comme dans le désert ou dans la toundra du Grand Nord.

Et face à tout cela, la recherche minutieuse de mon grand-père, ses cartes et ses relevés, si fins, si précis, coloriés à l'aquarelle, annotés à la plume d'une écriture si petite qu'il faut parfois une loupe pour la déchiffrer.

Écritures, plans du rêve. Mais à Rodrigues, la réalité est sans limites, elle envahit jusqu'à l'imaginaire, mêlée de chiffres, de calculs, de symboles, ou bien fuyant dans le vent vers l'horizon dévoreur d'oiseaux, vers la mer, vers le ciel mobile, jusqu'à la lumière du soleil et jusqu'aux feux éternels des astres.

Le soir, dans la chambre d'hôtel de la pointe Vénus, sous la protection du rideau de tulle que j'ai fixé devant la porte en guise de moustiquaire, je regarde encore les plans dessinés par mon grand-père, le tracé de l'Anse aux Anglais. Combien de fois a-t-il marqué d'un fin trait de plume les contours de cette vallée qu'il connaissait par cœur ? Dans les papiers contenus dans la cassette noire de mon père, j'ai retrouvé douze plans similaires, montrant avec exactitude cette sorte de corne d'abondance renversée, ce cône dont l'extrémité s'incurve vers la droite, sinue comme une rigole, s'ouvre au nord sur la mer, et flanqué de chaque côté par les taches de crayon estompées indiquant les collines et les contreforts des montagnes. Les plans sont légers, les indications sont marquées d'une écriture très petite, mais pourtant lisible, telle qu'on a l'impression qu'elle a été faite pour les souris et les oiseaux plutôt que pour les hommes.

Ces plans sont beaux, émouvants, déjà à demi effacés par le temps, toutes ces années passées dans l'exil de Rose Hill, puis dans le ruissellement d'humidité de Vacoas, dans le froid et l'ombre des vieilles maisons en bois décrépites, l'abandon au fond des coffres ou des tiroirs. Mais il y en a deux que je préfère : l'un, non daté, mais par sa simplicité je devine qu'il est un des tout premiers dessins de l'Anse aux Anglais qu'a faits mon grand-père lors de son premier voyage, peut-être en 1902. On y voit, comme à travers une lunette astronomique, un monde encore sans noms, la bouche de la rivière s'élargissant vers le marécage où apparaît une île rattachée à la berge par un banc de sable, île qui n'apparaît plus dans les plans suivants. Le départ de l'affluent venu de l'est, qui correspond à la forme des deux ravins s'enfonçant dans la falaise, qui sera plus tard le lieu le plus important de la quête de mon grand-père. À l'ouest, les bulbes des collines, et la ligne sombre de la falaise qui surplombe le cours d'eau vers le sud. La rivière Roseaux qui coule du sud au nord, montrant quatre étranglements d'où

72

naissent des bassins, avec une forme bizarre de viscère. Voilà tout. C'est là le premier aspect de ce microcosme où mon grand-père va passer tant d'années, ajoutant, point par point, ligne après ligne, la trame infinie de son imagination et de ses pronostications.

L'autre plan que je veux toujours revoir, et qui m'émeut encore davantage, comporte plusieurs dates, qui vont de décembre 1915 à octobre 1918. Ce n'est pas le dernier. Mon grand-père a travaillé sur ses documents longtemps après qu'il a accompli son dernier voyage à Rodrigues en 1926. Mais ce plan de 1917 est sans doute le plus significatif de son extraordinaire travail, de toutes ces années passées à essayer de percer le secret de ce monde. Sur ce plan plus qu'à demi effacé, le tracé de la côte et du cours de la rivière Roseaux est à peine visible, marqué au crayon bleu pâle sur le papier jauni. On le voit, mais il est fantomatique, pareil à une fumée mince et transparente. Ce qui reste visible, malgré l'usure, c'est l'incroyable réseau de lignes qui se croisent sur le schéma de la vallée, la recouvre d'une multitude de points d'intersection, dessinant entre les huit branches de l'étoile des vents une étrange et inquiétante toile d'araignée. Tout ce monde est là, limité par ces huit angles qui délimitent le tracé d'un cercle. En bas du plan, le nord, le « marécage où marne la mer aux marées d'équinoxe », et une annotation au crayon : mai 1919, *solution 13 au sud-ouest.* Au sommet du plan, au sud, une autre annotation :

Août 1918. Point. δ O N = 85°
O δ O N = 20° 30'

Un peu plus à droite :
Mars 1917
M/ *diagonale dans la direction*
du comble du commandeur
δ OM = 72° 30'
OM = 259 pieds français.

A l'ouest, vers le haut du plan, cette annotation à l'encre :

Décembre 1915
Solution Z (z)
$\begin{cases} 1° 30' \\ 209 \text{ pieds français} \end{cases}$

barrée d'un trait de crayon, avec ce rajout :
15.8.1918 : *Solution* ⑤

À l'angle nord-ouest, au bas du plan, encore une date :

Août 1918 ; septembre, octobre. *Correct.*

Pourquoi ce plan m'émeut-il tellement ? Qu'y a-t-il, qui me donne le vertige ? Est-ce l'enchevêtrement des lignes, traçant leurs angles et leurs losanges à l'intérieur de la frontière circulaire où mon grand-père a vécu enfermé durant toutes ces années ? Pareils à des solcils, à des étoiles rayonnantes, les nœuds apparaissent, plus nombreux chaque fois que je regarde ce plan. Le point Z, au sud, l'autre point Z au sud-est, presque effacé. Deux étoiles au nord-est, marquées 1 et 3. Le point μ, à l'intersection des lignes est-ouest et nord-sud, là où mon grand-père a fait poser une stèle entaillée au ciseau. D'autres points Z, à l'ouest, l'un numéroté 10, l'autre 12. Une étoile au nord-ouest, marquée x, une autre, R, une autre au sud-ouest marquée 5, une autre marquée γ. Pareils à des yeux, ces carrefours de lignes fictives sont les axes autour desquels se meut la vie de ce monde, multipliant dans ces girations ses embûches et ses secrets. Car les niveaux se recouvrent les uns et les autres comme les figures d'un kaléidoscope, se transforment, s'occultent. Déjà, au temps où mon grand-père travaille sur ce plan, calcule les angles et les lignes, le ravin n'a plus d'importance. Il est hors du plan, excentrique, à peine indiqué, servant de point de rencontre aux droites provenant du soleil 5 et du soleil δ, comme un rayon échappé au cosmos. Mon grand-père a-t-il suffisamment exploré le ravin pour être certain qu'il ne trouverait pas d'autres cachettes ? Mais après tant de labeur, tant d'années, ce n'est plus vraiment l'or du *Privateer* qu'il recherche. C'est une sorte de perfection dans l'accomplissement de son plan, comme une loi qui serait cachée ici, et qu'il voudrait exprimer, marquer sur son papier. Ce qu'il veut, c'est trouver la raison de ce lieu, sa logique, sa vérité. En limitant volontairement le terrain de ses recherches à cette étoile à huit branches dont les pointes s'appuient sur les points S, W, N, O, et leurs symétriques, marquant la périphérie du cercle, de la base nord-est du marécage jusqu'à l'extrémité sud du premier tronçon de la rivière Roseaux, et de la base de la falaise est à la base de la falaise ouest, un territoire de 715 pieds français de diamètre, en comptant selon l'échelle qu'il donne, ce n'est pas la réalité du trésor qu'il veut prouver, mais une autre réalité, un autre trésor. C'est peut-être (me pardonnera-t-il ce grand mot ?) l'harmonie du monde.

Jour après jour, je me sens pris davantage. Dès le commencement, quand j'ai aperçu la vallée de l'Anse aux Anglais, du haut de la pointe Vénus, j'ai su que rien ne me serait donné. Paysage de pierre noire, où blesse la lumière et brûle le vent. Paysage d'éternel refus. Qu'allait-il me donner à moi, venu de mon siècle de vanité et de confort, quand il n'avait rien donné à un homme d'un temps plus dur, plus vrai ? Ce paysage n'a pu s'ouvrir qu'une fois, pour le voyageur d'un siècle qui lui ressemblait, un siècle d'aventure, de guerre, d'ivresse, de chimère, le siècle des grands marins et des grands rêveurs, le siècle des révolutions. Mon temps à moi n'est pas à la même hauteur, c'est ce que j'ai su quand je suis arrivé dans l'île, quand j'ai rencontré cette lumière, ce vent, ces pierres noires.

Pourtant l'île me dit autre chose, elle me signifie autre chose que je ne peux encore saisir tout à fait. Elle m'annonce quelque chose, comme un fait encore caché de ma vie, comme un signe pour l'avenir, je ne sais. Quelque chose brûle ici, sous la pierre, au fond de moi. Quelque chose parle, ici dans le vent qui glisse sur les parois de basalte, pour me dire ce qui est en moi. Quelque chose brille partout dans la lumière, brille et se dérobe, comme un mouvement de danse, un geste, une allure.

Maintenant, errant dans le lit de cette rivière avec les plans de mon grand-père à la main, imperméable roulé dans mon sac à dos, avec provision d'eau, de biscuits, papiers et crayons, seul au milieu des blocs de lave et des vacoas, je crois que j'ai oublié un instant qui j'étais, de quel temps, de quel monde. Cherchant les signes gravés sur les pierres, mon cœur bondissant chaque fois que je découvrais un trait, une marque, marchant droit, instinctivement, vers le ravin où mon grand-père a passé tant d'années de sa quête, est-ce que je suis encore moi-même ? Ou bien, comment puis-je chercher ce trésor qui n'est que mirage, scruter la vallée à la recherche de bouleversements de terrain, évaluer le travail de sape de l'érosion, l'usure du vent et des embruns de la mer ? Celui qui cherche l'or doit d'abord s'oublier soi-même, il doit devenir un autre. L'or aveugle et aliène, l'or brûle ses feux dans le néant. Ici, au fond de la vallée aride, dans le ravin où mon grand-père a fouillé et cherché si longtemps, où l'air pèse et brûle comme au fond d'une crevasse, quelque chose trouble l'intelligence, affole les sens. Je me souviens maintenant de l'histoire que me racontait un Indien de Manéné, dans la forêt du Darien panaméen, à propos de cet Américain obsédé par la quête de l'or, à qui l'on avait fait boire une dose de suc de Datura : soudain devenu fou, il courait tout nu à travers le village, prenant dans ses mains la fiente des poules qui brillait à ses yeux comme de l'or ! Ici, comme au Darien, c'est vrai, il me semble avoir atteint une extrémité du monde, un cul-de-sac. C'est l'or, ou la solitude, ou peut-être cette terre sur laquelle s'est brisé le désir des hommes, parce qu'elle était plus stérile qu'eux.

Regardant à nouveau la liasse de documents provenant de mon grand-père — lettres, cartes, plans, schémas, messages codés et cryptogrammes, et, plus mystérieux encore, ces graffiti et ces calculs que mon grand-père a ajoutés en marge, — je suis étonné par tous les êtres et les actes que sa quête implique, comme s'il s'agissait vraiment d'une histoire parallèle aux souvenirs de notre monde.

Est-il parti au hasard ? Est-ce une intuition qui l'a guidé vers Rodrigues ? Mais peu à peu, comme dans toute création, les faits du quotidien, les réflexions, les anecdotes sont venus se joindre au mythe du trésor, se sont mêlés, greffés à lui, l'ont transformé. Chaque élément nouveau dans sa quête devenait un moment du mythe. Les événements les plus fugitifs se chargeaient alors d'un sens profond, s'amplifiaient. Une pierre, une ombre portée, une marque sur la roche, ou bien la position d'une montagne, d'un pic, la hauteur d'une falaise, le chemin de l'érosion sur les pentes des collines, la place d'un arbre, tout parlait, avait un sens, une urgence. C'est cela je crois qui me trouble ici, dans la solitude de cette vallée : ce sens caché que mon grand-père avait su découvrir, qui rendait alors chaque parcelle de ce lieu brûlante et vraie.

Qu'y avait-il en ce temps-là que je ne puis retrouver tout à fait ? Alors tout parlait, tout avait un sens. Alors, quand le soleil se levait au-dessus des collines, du côté du Comble du Commandeur, ou quand le ciel de midi était vide et brillait au-dessus de la mer, ou encore quand le vent s'engouffrait dans l'entonnoir de l'Anse et remontait vers le fond de la vallée en sifflant sur les blocs de basalte, dans les branches des buissons d'épines, c'étaient des moments jaillis de l'éternité, des moments d'exaltation, où mon grand-père ressentait une autre vie, une autre réalité.

Alors, oui, pour lui tout parlait, tout avait un sens, et il était le seul à comprendre. La solitude et la difficulté de ces voyages à Rodrigues lui donnaient ce savoir. C'est ici, dans ce paysage durci, impénétrable au regard, presque mortel, hostile à toute vie humaine, qu'il recevait cette communication exceptionnelle. Ailleurs, qui s'en souciait ? Son obstination à rechercher ce trésor de chimère n'était-elle pas de la folie ? Seul à connaître la vérité, seul à chercher sa voie : l'esprit, non pas fixe, mais tendu, prêt sans cesse à recevoir ce qui viendrait de cet autre monde, où il avait placé toute son espérance, jusqu'à sacrifier bonheur et repos. Oui, une folie, peut-être, comme celle de ces hommes qui, en ce même temps, voulaient traverser le désert, aller à Tombouctou, atteindre les lieux sacrés du Tibet. Folie, qui a maintenu cet homme vigilant sur ce point du monde, cette anse ignorée d'une île perdue dans l'océan Indien, alors que, lentement, inexorablement, le reste du monde se préparait pour le terrible orage de guerre.

Maintenant, errant sur ses traces, en vain je cherche à percevoir ce qui lui parlait ici, à lui seul, ce que lui disaient chacune de ces pierres, chacun de ces blocs de lave, chaque aspérité du sol, le dessin des affluents desséchés sur le sable de la rivière Roseaux. Parfois, devant l'éclat sombre d'une pierre, ou devant une fracture en forme de triangle, je crois percevoir quelque chose, une rumeur, un appel, un frisson... C'est pareil à un cri lointain qui remonte le vent et s'efface. Puis revient le silence, cette force qui appuie sur la vallée, qui met une menace dans chaque forme, dans chaque ombre. Le silence qui exile.

Ces documents, toutes ces ramifications que mon grand-père ajoute au mythe du trésor ne sont pas étrangers à Rodrigues. Ils sont en quelque sorte la genèse (sa genèse) de l'Anse aux Anglais, sa première reconnaissance des lieux, les noms qu'il va donner à chaque parcelle de ce paysage, pour les faire siens, pour leur donner un sens. Quand il débarque pour la première fois à l'Anse aux Anglais, il est bien le premier, et le seul, comme Robinson. Hormis les deux ou trois fermes cachées dans les vallons qui surplombent l'anse, et les bâtiments de la Cable & Wireless sur le versant est de la pointe Vénus — invisibles du fond de la vallée —, il n'y a personne alentour, que les cabris à demi sauvages des manafs des montagnes, et les quelques enfants noirs qui s'aventurent dans la vase de l'estuaire pour pêcher les petits crabes argentés qu'ils appellent ici « C'est ma faute » (parce qu'ils miment le geste du *mea culpa* avec leurs pinces).

Seul dans la vallée, ou bien avec la compagnie du vieux Ange Raboud, le « coq », de Sylvain Bégué, d'Adrien Mercure (tous « fin mort ») et vers la fin, du jeune Fritz Castel (que j'imagine alors un jeune Noir sauvage, effrayé et attiré à la fois par le travail d'arpenteur et de fossoyeur auquel se livrait mon grand-père au fond de cette vallée), il doit tout reconnaître, tout nommer. Les plans qu'il élabore, année après année, depuis 1902, les cartes qu'il établit sur la carte de l'Amirauté britannique, et qu'il colorie à l'aquarelle, peut-être dans l'abri qu'il a construit au milieu de la vallée pour les heures où le soleil brûle — les schémas où apparaissent les réseaux de lignes, les angles, les reliefs, les cercles et les ellipses qui semblent chercher à prendre sa chimère dans leur piège — les calculs compliqués, les annotations, les relevés des jalons , tout cela est sa reconnaissance du lieu, sa marque de passage, peut-être son calendrier. Il ne s'agit pas d'une prise de possession : l'Anse aux Anglais est un lieu qu'on ne peut posséder, même si mon grand-père, après la guerre, pour faciliter son travail de recherche, décide d'acheter au gouvernement anglais plusieurs arpents de terre de chaque côté de la rivière Roseaux. Cette écriture n'est pas une appropriation. Elle est pareille au lieu qu'elle décrit : minutieuse, précise, secrète. L'Anse aux Anglais n'est pas une terre pour les hommes. Sur les plans de mon grand-père, elle ressemble plutôt à une vue de la planète Mars, ocre rouge, désertique, sillonnée de méridiens de rêve, avec des taches d'humidité incompréhensibles, mouvantes, et le cours indécis de la rivière Roseaux pareil aux canaux que croyait voir jadis l'astronome Schiaparelli.

Document provenant du « Capitaine Albert » (qui, précise mon grand-père, l'aurait dérobé à un notaire des Seychelles) —, document identique à celui figurant dans la collection du Corsaire Nageon de l'Estang :

> « Pour une première marque une pierre de pgt. En prendre la 2° V. Là faire S. Nord un cullot de même.
> Et de la source Est faire un angle comme un organeau
> La marque sur la plage de la source.
> Pour une marque $\frac{le}{o|}$, passe à la gauche
> Pour là chacun de la marque Bn She —
> Là frottez contre la passe, sur quoi trouverez que pensez. »

> « Cherchez : : S Faire × 1 do — m de la diagonale

dans la direction du Comble du Commandeur.

Prendre N Nord 24° B — 39 pas 2° Sud

2° Lt Sud b² — 39

Faire là 3 toises L 9 — SS Nord x —

Pied 56 Nord 2° jcd

52 Pieds 2 — S

9 Pieds x — 28

⊹ là. H 26 pieds   H 8 pieds 2° Sud

Nord 26 — 55 Pieds

45 C — Est. »

Essai d'interprétation : (écrit en 1903, corrigé
en 1906) :

« Pour une première passe (marque) prenez
une pierre de poignets (pgt) (c'est-à-dire une
pierre trouée). En prendre la 2° V. Là faire Sud
Nord jusqu'à un cullot de même (c'est-à-dire
une pierre trouée comme la première). Et de
la source est faire un angle droit comme l'indique un organeau sur la plage de la source. Pour
1 $\frac{\text{c}}{\text{o}}$ de la gauche passe (Pour une marque $\frac{\text{e}}{\text{o}}$
passe à la gauche — Ne serait-ce pas plutôt $\frac{\text{v}}{\text{o}}$:
V, Z renversé et O comme sur le plan graphi-
que ?) Passe à la gauche, c.-à-d. passez à la gauche de la ligne tirée à angle droit plus haut.

« Pour là (c.-à-d. à la gauche de cette ligne)
faites chacun de la marque ($\frac{\text{v}}{\text{o}}$) les points B, n,
S, h, e (h ne serait-il pas une erreur du copiste ?

X ou x semble plus probable. De même c ne serait-il pas une erreur pour la lettre au sommet de l'hiéroglyphe $\frac{v}{o}$. Ce serait alors v ou u. On aurait conséquemment BnSxv. Des lettres capitales séparent ce groupement en deux : Bn et Sxv comme pour indiquer de tirer les lignes passant par ces deux groupes. La ligne Bn aboutit au "tas de petites pierres arrangées" marqué dans le cryptogramme : : contre la "grosse pierre poinçonnée" sur le plan graphique. Il y a, il est vrai, une autre ligne Bn, B à l'embouchure de la source et n dans l'extrême sud. (La ligne Sxv et cette ligne Bn se coupent en X.) Là (c.-à-d. au point x) frottez contre la passe (la passe, la "première passe", c.-à-d. la première marque. Frottez contre la passe, c.-à-d. tirez une ligne qui frôle cette marque. La ligne Vx prolongée sur le plan graphique passe tout près de cette marque en effet) et vous trouverez ce que vous pensez.

« Cherchez : : (La ligne Vx aboutit à la pierre marquée de quatre trous adossée à la grosse pierre poinçonnée, de même que l'une des lignes Bn aboutit au tas de petites pierres arrangées marqué : : sur le plan graphique.) S faire x d l — O m de la diagonale dans la direction du Comble du Commandeur. (Il y a ici une obscurité. Le "Comble du Commandeur" est sans doute le ballon de la montagne qui au S.O. commande (domine) la baie.)

Quelles que soient les erreurs de ces copies

qui en rendent l'explication si difficile, il semble en ressortir d'une façon assez claire que toutes ces données tendent à aboutir à la pierre marquée de quatre trous (: :). Il n'en est pas fait autrement mention dans les autres documents, sauf cette phrase : Cherchez : : ».

Ainsi, ce sont ces deux messages au sens caché, et un plan schématique (celui détenu par M. Savy aux Seychelles) qui ont fait naître tout ce mythe dans l'esprit de mon grand-père. Là-dessus, il y a son intuition géniale, que tous ces messages ne concernaient pas les Seychelles (Frégate, où M. Bernard, parent ou allié des Savy, dans un article publié par le *Keepsake mauricien* de 1839 situait la légende du trésor des pirates de l'océan Indien), ni l'île Maurice (la fameuse société par actions de Klondyke, qui cherchait le trésor de Flic en Flac, et dont mon grand-père se moquait), et cela suffit à alimenter son rêve durant ces trente années. Mon grand-père écrit, en 1914, alors que le monde s'apprête à basculer dans l'horreur de la guerre :

« Ayant pris connaissance par hasard d'une copie du plan de l'île au trésor, je fus frappé à première vue par l'étrange ressemblance de cette île avec Rodrigues (...) L'orientation, la forme d'ensemble et les points saillants des côtes sont autant de preuves que l'île décrite à grands traits par le plan est bien Rodrigues. Le pointillé indiquant la courbure des récifs au N.E. est la reproduction exacte de la rade et de la passe du Port Mathurin, comme au S.E. le goulet figuré par la ligne continue coïncide avec l'entrée du "Port du Sud Est". Le "Plateau" indiqué au N.O. sur le plan est tout aussi remarquable sur la carte de Rodrigues.

« On pourrait jusqu'ici admettre cependant une simple coïncidence, excessivement curieuse d'ailleurs. Mais elle va plus loin encore : en cherchant, sur le levé de Rodrigues fait par Hobbs en 1900 à quoi peuvent correspondre les cinq points de repère qui figurent sur le plan, on y voit, dans les mêmes positions respectives, 5 pics de montagnes. Les 3 repères en ligne droite du plan sont, en partant de la côte, sur le levé de Hobbs, le mont Charlot, le Bilactère, et le Pic des Quatre Vents. Les deux autres en biais sont le Diamant, sur la côte, et le mont Malartic à l'intérieur. De plus, la baie comprise entre les deux parallèles sur le document coïncide avec la baie Lascars ou la baie Anglaise sur la carte de Rodrigues. Serait-il logique après tout cela de mettre sur le compte du hasard ce qui constitue une preuve indiscutable d'identité ? »

LE RAVIN

C'est vers cet endroit que je retourne, chaque fois que j'arrive au fond de la vallée. Vu d'en haut, de la tour ruinée de la Vigie du Commandeur, ou du point O où j'ai découvert le premier signe de l'organeau, le ravin n'a l'air de rien. Juste une échancrure dans la falaise sombre, pareille au cône d'alimentation des ruisseaux ou à ces effondrements des roches au pied des falaises. Pourtant, chaque fois que je m'en approche, je ressens une émotion. Dans le silence de cette vallée, au milieu de ce paysage extraordinairement minéral, abrupt, le ravin ouvre une sorte de porte secrète qui attire mon regard comme l'entrée d'une grotte, mais d'où la crainte de l'ombre aurait disparu. Je peux comprendre pourquoi mon grand-père a porté la plupart de ses recherches de ce côté. Je peux comprendre comment il a pu vivre dans cette brèche, mois après mois, année après année, fixant là toutes ses pensées et tous ses regards. Le ravin, c'est une faille ouverte naturellement dans l'épaisseur de la falaise basaltique, un coup de sonde comme aucun homme n'aurait pu le donner. L'eau, ruisselant siècle après siècle, l'eau des ouragans et des tempêtes de mer, mais aussi l'eau impalpable de l'humidité quotidienne qui use et ronge goutte à goutte — l'eau de la vie a fait cela.

La première fois que j'ai vu le ravin, j'ai compris que c'était ici, le lieu le plus important de ce rêve, le centre de la quête de mon grand-père. Lui-même n'en dit que peu de choses. Entre le moment où il découvre le ravin, en 1904, et le moment où il renonce à pousser plus loin ses recherches (découragé plutôt que fatigué par l'âge) vers 1927, il ne mentionne le ravin qu'une fois dans ses écrits, pour expliquer pourquoi le Corsaire inconnu l'avait choisi comme cachette pour son fabuleux trésor. Curieusement, il n'en parle qu'en 1908, dans un petit fascicule imprimé à Maurice, intitulé *Documents relatifs au trésor de Rodrigues*, destiné sans doute à être distribué à tous ceux qui avaient suivi et encouragé ses recherches (les membres de la société de Klondyke principalement). Plus curieusement (encore que cela puisse s'expliquer par la raison du secret qui entoure nécessairement ce genre d'entreprise), il en parle alors qu'il a la certitude que le ravin ne contient plus le trésor, puisque la cachette qu'il a découverte est vide. Pourtant, le ravin ne cesse pas pour autant d'être au centre de son rêve. Au contraire, d'avoir eu ainsi la preuve que sa piste était bonne, et que son interprétation des documents cryptographiques était juste, cela est pour lui une satisfaction qui vaut tout l'or du monde, et le console aisément de son semi-échec. Le ton froid et précis de la brochure ne parvient pas à cacher complètement le sentiment d'exaltation qui l'anime à ce moment-là. C'est le ravin surtout qui l'émeut, cette « ingénieuse simplicité » de la cachette, « dont la nature a fait tous les frais ».

Alors le ravin est devenu le lieu de rencontre de toutes les lignes reliant entre eux les repères du plan général de la vallée : ligne venant du nord du cercle passant par les deux signes de l'organeau (à l'est et à l'ouest), ligne tirée de O, des repères 12, 18, 21, ou prolongeant l'alignement des points 22, 23, 86, 88, ou les repères B, x ; cette trame (superposée aux lignes de la grille laissée par le Corsaire inconnu) dessine alors une espèce de figure cabalistique dont la géométrie évoque quelque équilibre secret, où se combinent les angles, les carrés, et le cercle limitant le territoire de l'Anse aux Anglais. Réduit à sa plus simple expression, il se lit ainsi :

où seuls les points extrêmes seraient signifiants.

C'est donc à l'un des points extrêmes de ce schéma que mon grand-père a décidé de consacrer sa recherche, son existence. Au fond de ce ravin creusé dans la colline est, à un endroit à peine plus large qu'un boyau de mine, à une profondeur de huit à dix mètres, il creuse, mesure, sonde, scrute le sol pouce par pouce. Découvre, sur la colline, au-dessus du ravin, face à la rive ouest où se situe le M majuscule, sous un « bois d'olive séculaire », deux grosses pierres. L'une porte un trait marqué au ciseau à froid, « signe évident, pense mon grand-père, qu'il faut s'arrêter là ». L'autre pierre, cachée sous la première, porte également un trait au ciseau « indiquant une direction en contrebas du versant nord-est de la colline ». « Cette direction, poursuit mon grand-père, aboutit exactement au fond du cul-de-sac en question. Sur le versant faisant face à ce cul-de-sac, se trouve une pierre posée obliquement et *calée* dans cette position. Sa face supérieure porte un dessin évidé, en forme de fer à cheval, identique à la forme du cul-de-sac. En se mettant vis-à-vis cette pierre, et dans l'axe du fer à cheval, on fait face au fond du cul-de-sac. Entre les deux pierres à traits et le fer à cheval se trouve une grosse pierre à demeure portant, sur un de ses côtés, une mortaise bien nette, en gouttière, taillée au ciseau, et destinée sans doute à signaler la présence prochaine, soit du dépôt lui-même, soit des repères définitifs. »

Je peux imaginer, en lisant ces lignes, tout ce que mon grand-père ne dit pas : son cœur qui bat fort, tandis qu'il progresse de repère en repère, escaladant l'à-pic du ravin en s'aidant des arbustes épineux ; la brûlure du soleil sur la roche basaltique, le bruit du vent dans les aspérités, le souffle chaud qui sort du fond du ravin, le poids des pierres qu'il déplace tandis que la poudre noire coule et emplit les interstices de la roche.

« Ainsi que j'ai pu le constater, écrit mon grand-père, le dépôt fait à cet endroit a été enlevé. Il est peu probable, cependant, qu'il l'ait été définitivement, et cela pour les raisons suivantes : l'Angleterre, ayant un intérêt vital à capturer et détruire les corsaires qui portaient un sérieux préjudice à son commerce, avait graduellement resserré les mailles de sa croisière dans la mer des Indes. Il est donc difficilement admissible que le Corsaire en question se soit hasardé à la traverser avec un butin aussi considérable que celui qu'il mentionne. Admettre de sa part cette prudence, c'est reconnaître qu'il a dû prendre les mesures nécessaires pour mettre son trésor à l'abri, en attendant la fin de cet état de choses, et le meilleur moyen de le mettre à l'abri était de le cacher dans un endroit impossible à découvrir sans un plan et une *clé*. C'est en somme ce qu'il a fait. »

C'est quand je suis ici, dans le ravin, devant ce mur de pierre noire où les traces des coups laissées par mon grand-père sont encore visibles, que je ressens véritablement ce qu'ont dû être son rêve, sa passion, son obsession. Comment a-t-il pu rester là, comme prisonnier de cette pierre, loin des hommes, loin de sa famille, sans repos ni douceur, avec pour seul horizon cette muraille, avec pour seul ciel cette lumière au fond du puits, avec le soleil brûlant de midi, et l'ombre qui descend, dans la chaleur âcre de la poussière de lave, dans le bruit strident des *sand-flies*? Comment a-t-il pu rester là, jour après jour, avec seulement, le soir venu, avant le sommeil, quelques paroles échangées autour du feu avec les Noirs rodriguais, Ange Raboud, Adrien Mercure (son *foreman* en 1907-1908) et peut-être le jeune Castel? Puis, la nuit froide et solitaire sous l'abri de palmes, dans l'humidité de la vallée, écoutant la danse agaçante des moustiques et les bruits inquiétants des crabes de terre ? Comment a-t-il pu vivre là, près du ravin, sans penser à la réussite, sans croire à l'avenir ?

Même lorsqu'il a la certitude que la cachette est vide, mon grand-père ne désespère pas. N'est-ce pas pour lui la preuve que le Corsaire est revenu, et s'il est revenu, c'est pour trouver une deuxième cachette, si difficile que nul autre que lui ne pourrait la retrouver. C'est alors qu'est née dans l'esprit du forban l'idée d'un plan, d'une grille qui permettrait à celui qui serait en sa possession de trouver la deuxième cachette. Ce plan, né dans le ravin, à quelques mètres du cul-de-sac et de la pierre en forme de fer à cheval, c'est lui la vraie passion de mon grand-père, sa foi en l'avenir. Ce plan a été conçu dans la prison de cette faille ouverte dans la roche basaltique, dans le silence et la solitude de ce lieu où toute vie semble lointaine, presque impossible.

« Le choix, pour ce plan, d'une orientation *ne varietur*, celle du Nord vrai, qu'on peut toujours retrouver exactement, indique qu'il n'avait pas l'espoir d'y retourner de si tôt. Les difficultés qu'il a accumulées dans le plan laissent voir de plus qu'il devait craindre qu'il ne tombât en d'autres mains par suite de circonstances fortuites. Ce document, que nous avons aujourd'hui

95

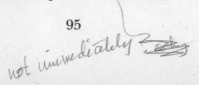

à expliquer, indique le nouvel endroit où le trésor a été définitivement caché à cette époque. »

C'est ce deuxième voyage du Corsaire qui détermine la vocation de rêve de mon grand-père. L'intuition qu'il reçoit, en 1908, au fond du ravin, quand devant la première cachette vide il comprend que ce n'est là que le point de départ d'une nouvelle quête, pour ainsi dire infinie, où le jeu des lignes et des angles mesurés au théodolite tracent le dessin d'une constellation inconnue, où à chaque instant va apparaître un sens nouveau. Où chaque point renvoie à son contraire, à son lieu virtuel, comme si du fond du ravin, suivant le dessein mystérieux du Corsaire, était née l'entière vallée, pierre par pierre, créée en un jeu sans limites. Sans but aussi, chemin croisant et divisant ses itinéraires, énigmatique, vain parcours d'un espace que l'esprit humain ne peut suffire à reconnaître.

Le ravin : le soir, lieu sombre, hostile. Le matin, encore froid, et sur les roches usées, schistes pourris par le temps comme à Pachacamac, l'humidité de la nuit perle goutte à goutte, fait un nuage invisible, une haleine. À midi, quand toute la vallée brûle au soleil, le fond du ravin reste frais, mais d'une fraîcheur moite qui sourd de la terre et ne calme pas la brûlure du ciel. C'est surtout vers la fin de l'après-midi que le ravin est difficile. Alors je m'assois à l'abri du grand tamarinier qui a poussé sur le côté droit du ravin, près de l'entrée, en attendant que le soleil se cache derrière les collines. La chaleur et la lumière entrent à ce moment-là jusqu'au fond du ravin, éclairent chaque pouce de terrain, chaque coin, saturent la roche noire. J'ai l'impression que par cette plaie le tourbillon de lumière pénètre à l'intérieur de la terre, se mêle au magma. Je reste immobile, la peau de mon visage et de mon corps brûle, malgré l'ombre du tamarinier.

Alors je ressens bien la présence de mon grand-père, comme s'il était assis là, près de moi. Je suis sûr qu'il s'est assis ici, sur cette roche plate entre les racines du tamarinier. Quel âge peut avoir cet arbre? Soixante-dix ans? Ou peut-être plus de cent ans, qui sait? Sur les photographies (un peu jaunies) qui accompagnent *l'Aperçu historique* écrit par mon grand-père en septembre 1914, on distingue, sur une vue générale de l'Anse aux Anglais, prise de l'embouchure de la rivière Roseaux, l'amorce du ravin. À cette époque, les arbres sont plus nombreux qu'aujourd'hui, sur le glacis des rives et dans le fond de la vallée, acacias, genévriers, tamariniers. Le tamarinier sous lequel je suis assis n'était sans doute alors qu'un jeune arbre, sans beaucoup d'ombrage. Mais sa situation, à l'entrée du ravin, en faisait déjà l'abri rêvé à la fin du jour. D'ailleurs, je n'ai pas besoin de faire de grands efforts d'imagination pour sentir la présence de mon grand-père ici,

97

quand le soleil devient oblique. Il me semble que je perçois son regard qui scrute chaque pan de roche dans l'espoir de voir surgir quelque signe nouveau à la lumière frisante. À l'entrée du ravin, la falaise est couverte d'une herbe rase, couleur fauve, qui dissimule les creux du sol. Mon grand-père est assis donc, sur cette pierre plate, tournant le dos au ravin, regardant vers l'estuaire. Il tient comme toujours une cigarette (de tabac anglais, son seul luxe véritable) entre le pouce et le médian, à l'horizontale, comme un crayon, dont il secoue la cendre de temps en temps. Son visage maigre est brûlé par le soleil, ses yeux bleu sombre sont plissés par la lumière qui se réverbère sur les roches de la vallée. Ses cheveux longs, d'un châtain presque brun, sont renvoyés en arrière, et le bas de son visage est caché par une barbe romantique. Quel âge a-t-il alors ? En 1907, ce n'est plus un jeune homme, malgré sa minceur et son visage encore net, et ses cheveux très abondants. Il doit avoir près d'une cinquantaine d'années. Ses deux derniers enfants (des jumeaux, dont mon père) sont nés en 1896, et ont alors onze ans. Le plus âgé doit avoir une vingtaine d'années. J'ai du mal à imaginer cet homme, vêtu comme un chercheur d'or — pantalon de grosse toile, bottes tachées de poussière, chemise ouverte sans col, manches retroussées, coiffé du chapeau de paille des manafs —, avec tout le poids de ses responsabilités de bon citoyen (britannique) et de père de famille. Plus de mal encore à l'imaginer au Palais de Port Louis, coiffé de la perruque de juge et revêtu de l'ample toge noire et rouge. Celui dont je ressens ici la présence est un homme sans âge, sans racines, sans famille, un étranger au monde, comme l'était sans doute le Corsaire dont il cherche la trace. Est-il vraiment mon grand-père ? De n'avoir connu de lui que quelques photos, et cette liasse de documents, de plans et de cartes, curieusement me rend plus proche de lui. Rien de sa vie réelle ne le cache, rien ne le distrait de sa quête. Ici, à l'entrée du ravin, il est encore, guetteur éternel, sans le savoir le gardien que le Corsaire a choisi pour veiller sur son domaine, pour l'aimer et l'interdire à jamais.

Pourtant, le ravin n'est plus du tout le même. Le temps l'a changé, l'érosion l'a diminué, adouci, comblant peu à peu le fond. Lorsque mon grand-père le découvre, en 1904, c'est encore un véritable torrent asséché, qui montre clairement l'existence d'une ancienne source — la source indiquée par un vieux tamarinier, dont parlent les documents relatifs au trésor. Ses parois sont encore nettes, le lit de l'ancien cours d'eau est visible, ainsi que le « verrou » formé par les pierres alluviales. C'est du reste à cause de la description qu'en fait mon grand-père que j'ai hésité à le reconnaître. Le « fer à cheval », le « cul-de-sac », les tracés du plan ne correspondaient pas à ce que je voyais. Ce que je voyais, c'était une ravine affaissée, usée par le vent et par l'eau, engorgée de broussailles. Le deuxième ravin, que mon grand-père indique à peine sur ses plans, et qui s'ouvre un peu plus en amont, me semble aujourd'hui plus digne d'être remarqué. Pourtant, tandis que j'avance pour la première fois au fond du ravin, je ressens une émotion : c'est ici, je ne puis en douter, ici et nulle part ailleurs. Je vois ce que je suis venu chercher réellement à Rodrigues : les traces visibles de cet homme, restées apparentes par le miracle de la solitude : coups sur les parois, vers le fond du ravin, qui ont ouvert des blessures dans le schiste, détachant les blocs de lave. Traces d'escalade sur la muraille du cul-de-sac, marches rudimentaires creusées dans le roc, sinuant jusqu'en haut de la colline, vers la pierre portant la rainure en gouttière. Et surtout, le puits creusé au fond du ravin, dans le cul-de-sac. Aujourd'hui, le puits est comblé. De gros blocs de lave, de la terre, du sable et des broussailles. Mais on distingue nettement son orifice arrondi, cercle noir sur la terre couleur fauve. C'est la première « cachette » découverte par mon grand-père, celle qui a fait rebondir sa quête sur vingt autres années. En reculant vers l'entrée du ravin, je vois les marques se multiplier : trous de sonde horizontaux dans les parois qui s'effritent, ayant par endroits provoqué l'écroulement de pans entiers. Le « verrou » naturel n'est plus

100

à sa place. Mais le désordre du terrain alentour, certains blocs de calcite blanche ayant été jetés jusqu'au bas de la vallée, montre le travail énorme qu'a fait mon grand-père. Pour ne manquer aucun indice, il a défait le verrou, éparpillé au loin toutes les roches qui le composaient. Le site de la deuxième « cachette » mise au jour par mon grand-père est moins net. Des arbustes ont poussé sur les flancs du ravin, près de l'entrée, profitant peut-être de la terre meuble que mon grand-père a extraite, ou de l'humidité de l'excavation.

Ces traces de coups, ces anciens trous comblés, ces tranchées, ces sondages m'émeuvent comme s'il s'agissait de ruines. Ce sont les vestiges d'une activité perdue, d'une vie perdue. En suivant ces traces pas à pas, j'ai la sensation de remonter le cours du temps, de renverser l'ordre mortel. Voyons, est-ce que ce n'est pas un peu grandiloquent ? Si, pourtant, je suis sûr que c'est bien de cela qu'il s'agit. Il y a la mort ici, dans le fond de ce ravin. Eau morte, pierres brûlées, schistes pourris, buissons d'épines qui ferment le passage : le ravin ressemble à la porte de l'Hadès. Dans la vallée, on entend le bruit de la mer, le vent, les cris des enfants au loin, de l'autre côté des plantations de cocos. On voit le ciel, les nuages, on est libre de penser à autre chose, d'oublier. Mais ici, l'on est enfermé dans sa propre folie, tourné vers la pierre, vers le stérile, l'infranchissable. Le soleil brûle, le vent fait glisser la poussière ocre et noire vers le fond des crevasses, les herbes sèches sont une toison morte. À l'entrée du ravin, chaque fois que je me suis approché de cette faille, j'ai ressenti un frisson, cette sorte d'instinctive répulsion que me donnent les grottes. Ce n'est qu'en retrouvant les traces de l'homme qui est venu ici avant moi, en découvrant les signes qu'il a laissés, ces signes de souffrance, d'espoir, d'illusion, que je peux accepter d'entrer dans le ravin. Il me semble que je touche alors au cœur même de cette légende, au lieu le plus chargé de sens et de mystère. Il me semble qu'ici chaque parcelle de terre et de roche, chaque relief du sol, chaque blessure sur les parois de pierre ont une signification qui résonne au fond de moi. Il me semble que je suis enfin parvenu tout près de celui que je cherche, si près que j'entends le son de sa voix, le bruit de ses pas, que je sens son regard, son souffle. Dans cette tranchée vide, quand le soleil de l'après-midi brûle mon dos et fait briller mon ombre sur le fond du ravin, jusqu'au cercle noir du puits comblé, peut-être qu'enfin je ne fais qu'un avec mon grand-père, et que nous sommes unis non par le sang ni par la mémoire, mais comme deux hommes qui auraient la même ombre.

Le langage aussi est un mystère, un secret. Toutes ces années que mon grand-père passe dans l'enfermement de l'Anse aux Anglais, à Rodrigues, il ne les passe pas seulement à creuser des trous dans la terre, ou à chercher les marques qui le conduisent au ravin. Il invente aussi une langue, une véritable langue avec ses mots, ses règles de grammaire, son alphabet, sa symbolique, une langue pour rêver plus que pour parler, une langue pour s'adresser au monde étrange dans lequel il a choisi de vivre. Cette langue-là n'est pas pour parler à ses contemporains, bien qu'il ait parfois envie, peut-être pour se décharger de sa propre inquiétude, d'en livrer quelques secrets dans ses écrits, pour ceux qui pourront s'y intéresser plus tard. Non, cette langue n'est pas faite pour ses contemporains, la bourgeoisie conformiste et avare de Maurice. C'est une langue pour parler au temps passé, pour s'adresser aux ombres, au monde à jamais disparu, du temps où la lumière brillait si fort sur la mer des Indes, et dont seul le silence minéral de Rodrigues a su garder, par le miracle du désert, cette trace encore visible au-delà de la mort.

Il n'y a pas d'archéologie sans écriture, puisque, sans ces signes à demi effacés qui entourent les tombeaux et les ruines, les plus beaux monuments des hommes ne seraient pas différents de tas de cailloux. Ce sont ces traces que cherche mon grand-père, jusqu'à oublier le vrai but de son enquête, jusqu'à s'oublier soi-même. C'est avec ces traces qu'il élabore, année après année, le langage du Corsaire inconnu, qu'il s'efforce d'en retrouver le code, les pièges, les jeux de mots, les symboles. En ramassant miette à miette les débris de cette langue brisée, il reconstitue la pensée du navigateur disparu, il suit son chemin, il met ses pas dans les siens, avec une obstination et une intelligence qui brillent dans tous les textes qu'il écrit, et que l'esprit critique de ses contemporains (les affairistes de Rempart Street pour qui tout cela n'est que billevesée) juge certainement dignes d'un meilleur emploi. C'est cette intelligence et cette obstination qui vivent encore maintenant, après tant d'oubli, alors même que cette fièvre de trésor est éteinte, et que toute cette quête est retombée dans une sorte de pittoresque vaguement romanesque qui est peut-être pire que l'oubli.

Ce langage qu'il invente (la parole de son mythe), pourtant, n'est pas imaginaire. C'est au hasard de sa quête qu'il le découvre, d'abord (vers 1901) dans les grimoires qui circulent en grand nombre à Maurice, parmi tous ceux que l'idée d'un trésor intéresse : bouts de lettres, fragments de testaments, cartes déchirées, amorces de pistes, tout cela pour la plupart forgé grossièrement, travail de plaisantins qui s'ennuient ou d'escrocs cherchant à profiter de la naïveté et de la cupidité de leurs concitoyens. C'est le cas de cette carte cryptographique que mon grand-père inclut dans ses documents, mais qu'il s'abstient de commenter, sans doute parce qu'il ne peut guère croire à ces signes farfelus : *chien turc, chien ayant la patte levée et la tête tournée vers le sud,* ou *derrière cette roche à l'est la forme d'un ours sans queue,* ou encore, cette *oreille gauche,* ces *deux sabots de cheval,* cette *tête de serpent,* qui doivent apparaître sur des roches parmi les poinçons, les cercles, les S et les tracés d'angles. Ce qui l'attire d'abord, ce sont les documents de Nageon de l'Estang, la lettre du 20 Floréal an IX que le marin adresse avant de mourir à son frère Étienne, et dans laquelle il raconte avoir quitté jadis le service du roi pour servir de second au corsaire Lemoine, qui fut emprisonné et mourut à Maurice. L'autre document important, c'est le plan remis par Basset à Savy, pour le remercier de l'avoir caché alors qu'il était pourchassé par les Anglais. C'est ce

plan, ou plutôt cette grille, où figurent un ruisseau coulant du sud vers le nord, et le tracé
d'une côte marécageuse où « marne la mer »,
qui fut l'amorce véritable de la recherche pas-
sionnée de mon grand-père, parce qu'il mon-
trait la présence d'une intelligence (la géométrie comme premier langage) et d'une volonté
humaine, auxquelles il pouvait lui-même se
mesurer, ce qui valait mieux que le hasard haïs-
sable. Les deux autres textes, qui ont été ses
sources, sont deux textes codés, figurant aussi
dans les documents de M. Savy, notaire aux Seychelles, et qui sont simplement un alignement
de lettres, de chiffres et d'indications géographi-
ques. Ce sont ces deux textes qui, joints à la
grille, vont servir de base aux recherches de
mon grand-père, et qu'il scrutera, durant trente
années, jusqu'à la fin de sa vie, dans l'espoir d'y
découvrir le secret qui sans cesse lui échappe.
Dans ces deux textes sont tous les symboles
définitifs de sa quête : la marque $\frac{|e}{o|}$ où mon
grand-père voit une indication est-ouest, séparée
par un Z, puis, suivant l'écriture cryptographique des *Clavicules de Salomon*, l'établissement de
deux points d et j. C'est dans l'un de ces textes,
provenant de Nageon de l'Estang qu'apparaissent la « pierre de pgt » (la pierre de poignets,
ou à poignées), le fameux « Comble du
Commandeur » que mon grand-père identifiera
comme la montagne dominant la pointe Vénus,
les « organeaux », marqués dans la pierre en

forme de triangles équilatéraux inversés, opposés sur la ligne est-ouest, et encore la formule étrange, « Cherchez : : », que mon grand-père découvrira, poinçonnée dans une roche, et qui le mettra sur la piste du ravin. Avec la précision et l'application d'un géomètre arpenteur, muni de son théodolite, mon grand-père suivra toutes les indications données par ces textes, en pieds français, le long de ces lignes invisibles qui vont recouvrir peu à peu le lit de la rivière Roseaux : ligne Lt -sud, ligne Sg 5 s Nord x (5° Nord de pas x, note Nageon), ligne Nord 2° jcd., la deuxième ligne 2° sud-nord, la ligne 45 c est-ouest, ou la ligne x 1 do — m̄ de la diagonale dans la direction du Comble du Commandeur. « Sur quoi », ajoute le document, non sans malice, « là trouverez que pensez ».

Parmi la liasse de ces documents plus ou moins suspects, l'un des plus émouvants, sans doute l'un de ceux qui ont contribué à lancer mon grand-père dans cette aventure, est un dessin ancien, tracé à la hâte à grands traits de plume sur un mauvais papier usé et jauni, et qui figure le contour d'une île sans nom. Autour de l'île, une ligne hachée dans laquelle mon grand-père aperçut le tracé de la ceinture de corail, aussi important alors pour la navigation que la ligne des côtes. Deux lignes en pointillé traversent l'île, l'une selon l'axe est-ouest, l'autre joignant un îlot sur la barrière de récifs à un autre îlot situé de l'autre côté de l'île, au sud-est. Bien que le nom de l'île ne soit pas indiqué, il ne fait pas de doute pour mon grand-père que ce soit la même île qui apparaît sur les documents de M. Savy, c'est-à-dire Rodrigues. En bas du papier, la signature de l'auteur du dessin : *H. de Langle*[1], *capitaine du* Conquérant. Et une date : *1824*. Combien de fois mon grand-père a-t-il dû regarder ce vieux papier, avant moi ? Si l'île figurant sur la carte de Langle est bien Rodrigues, la deuxième ligne en pointillé, à ne pas en douter, passe exactement par la baie Anglaise, de même que les deux lignes parallèles qui traversent le plan de M. Savy.

La carte de mon grand-père (achetée peut-être à cet homme dont il tait le nom, qu'il rencontra un jour par hasard dans le train de Cure-pipe, vers 1900, et qui lui vendit une part des actions de la Compagnie de chercheurs de trésor de Klondyke, à Flic en Flac) et la carte de M. Savy étaient sans doute les copies d'un même original, aujourd'hui disparu. Qui avait tracé le premier plan ? Camden, Taylor, ou peut-être le corsaire Lemoine qu'avait accompagné Nageon de l'Estang ? On ne peut s'empêcher aussi de penser au geste du pirate Olivier Le Vasseur, surnommé La Buse, qui, selon la légende, au

---

1. Ce de Langle, qui signe le plan mystérieux de mon grand-père, est probablement l'ancien capitaine du vaisseau l'*Astrolabe*, qui accompagna la *Boussole* du comte de La Pérouse lors du voyage de 1785 à la découverte du passage du Nord-Ouest qu'avait cherché en vain l'explorateur Cook.

moment de monter sur l'échafaud, en guise de dérision et de dernière vengeance, jeta vers la foule qui était venue le voir mourir, cette année de 1730, devant la baie de Saint-Paul dans l'île de la Réunion, une lettre cryptographiée, et un plan du lieu où il avait caché son immense butin, disant que tout cela appartiendrait à celui qui saurait le prendre. Langage maudit, alors, où chaque signe, chaque symbole recèlent le secret d'une souffrance, d'une blessure, signifient aussi la violence, la rapine et la mort.

Et c'est peut-être cela qui existe d'abord, dans ce langage que mon grand-père découvre, cela qui le rend authentique, malgré ses leurres et ses faux-semblants. L'illusion n'est qu'apparente. Lorsqu'il marche enfin ici, sur le fond de cette vallée, dans le silence inquiétant des roches noires, des lames des vacoas, dans le lit desséché du ravin où la source ancienne est tarie, mon grand-père recueille en lui ces signes réels, ces marques du passé, ces traces, et ce sont eux qui parlent, qui organisent le discours, qui disent quelque chose. Alors, les anciens documents de Nageon ou de M. Savy s'animent, cessent d'être abstraits et absurdes.

Combien de fois mon grand-père a-t-il dû les lire, sous la toile de tente qui lui servait d'abri dans la vallée, puis dans la hutte d'Ange Raboud, jusqu'à pouvoir les réciter par cœur : les mots de la lettre, « propriété du Dr Chateauneuf », qui provenait d'un marin de Saint-Malo, corsaire ou pirate, qui, prisonnier à la Bastille, l'avait adressée à sa mère — imitant peut-être en cela la vengeance de La Buse, sachant que sa lettre serait ouverte et divulguée. Cette même lettre qui fut à l'origine des fouilles de Flic en Flac, en décembre 1901, et de la Compagnie farfelue de Klondyke, qui avait déjà réparti entre ses membres le butin avant même de l'avoir trouvé ! « Sur la côte ouest de l'île (Maurice), à un endroit où la mer bat en côte, se trouve une rivière. Suivez la rivière, vous trouverez une source, contre la source un tamarinier. À 18 pieds du tamarinier commencent les maçonneries qui cachent un immense trésor. » Un autre texte nourrit le rêve de mon grand-père : un passage du *Voyage à l'île aux Frégates* de E. Bernard, publié dans le *Keepsake mauricien* de 1839 : « L'île aux Frégates est dans l'est (des Seychelles) et environ à 9 lieues de Mahé. Elle appartient à M. Savy (...) Elle passe pour receler un immense trésor. Je suis moi-même en possession d'une indication relative à ce trésor écrite ou laissée par un vieux marin mort à Bourbon il y a plus de cinquante ans. Malheureusement, le temps a changé le cours d'un ruisseau de l'île qui, d'après l'indication, est le principal point de reconnaissance. »

Au cœur de ce langage mythique, dont mon grand-père tente de reconstruire morceau par morceau l'édifice — comme on rassemblerait les débris épars d'une civilisation anéantie par une catastrophe naturelle —, sont les messages cryptographiques. D'où mon grand-père tenait-il ces messages ? Il omet, ce qui chez lui est inhabituel, d'en indiquer les sources. On imagine qu'à l'époque de la fièvre des trésors, bon nombre de ces cryptogrammes circulaient à Maurice, attribués à Nageon de l'Estang ou au « capitaine Albert ».

Mon grand-père se contente d'expliquer l'alphabet cunéiforme,

 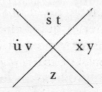

puis il tente une traduction du message, sans résultat :

⊏ ⊡ ⊐ ⟨ ⊔ ⟪ ∨　⊏ ⊐ ⟨ ⊓ ⊡ ⊏
l o h y e x t 　 l a y o i r

écrivant des phrases absurdes, comme :

xne femme qxj yext seiair mette de sft drogye dans poxr endorhir xne femme qxj femme il faxt prendre indiferente coxlfxrt attache a la tette, etc.

Pour mon grand-père, les *Clavicules de Salomon* sont peut-être la solution de ce mystère, et donneraient un sens à ce texte insensé. Y est-il parvenu ? Il n'en parle pas, mais les *Clavicules* ajoutent une magie à cette chimère. Salomon — Suleïman —, fils de David et roi d'Israël, est aussi le chef des djinns, celui qui a pouvoir sur les êtres surnaturels et qui connaît les secrets de l'univers, grâce à un talisman : un anneau magique qui porte gravé le signe divin, l'étoile formée de deux triangles inversés dessinant un hexagone au centre duquel est écrit le nom d'Allah, comme ceci :

Les *Clavicules* portent avec elles le secret de la magie de Salomon, dont les navigateurs du XVIIIe siècle sont naturellement héritiers. Hommes voués à la guerre et à la mort, par leur aventure extrême ils touchent au divin. Ne règnent-ils pas sur les mers immenses, là où nul ne peut vivre sans le secours des esprits et sans l'accord de Dieu ? Et quels hommes, eux qui, au hasard d'un combat, où les vents, la position du soleil et la chance (la *fortune*) valent autant que la force et que les armes, peuvent en un seul jour posséder la rançon des rois, la dot de la fille du

Grand Moghol, ou les trésors arrachés aux mines de Golconde ! Il n'y a sans doute jamais eu dans l'histoire du monde rien de comparable, sauf peut-être l'exploit des Conquistadores espagnols, cette poignée d'aventuriers qui débarquaient de leurs galions dans le *nouveau monde*, et qui, à l'aide de quelques caisses de colifichets, et de verre filé, avec leurs chevaux et leurs arquebuses renversaient des empires entiers, anéantissaient des civilisations millénaires, avec tous leurs dieux et toutes leurs richesses.

Langage magique dans les cryptogrammes, les *Clavicules de Salomon* referment encore davantage le secret du trésor. Elles le referment sur le centre même du mystère, quelque chose que mon grand-père cherche comme un cœur, comme le foyer de la vie. Au fond de cette vallée, où tout semble si abandonné, si désert, semblable à une planète morte, ce ne sont pas la mémoire ni les désirs des visiteurs passagers qui comptent, mais au contraire tout ce qui est resté intact loin des hommes, cette braise qui palpite encore. De même que toutes les traces du Corsaire se retrouvent dans la grille — le plan de la rivière et de la côte des documents Savy —, de même tous les secrets du langage de cette quête sont dans le carré formé par les vingt-cinq lettres de l'alphabet (en ce temps-là on ignore le w), plus une :

```
a b c d e f g h i j k l m n o p q r s t u v x y z a
b c d e f g h i j k l m n o p q r s t u v x y z a b
c d e f g h i j k l m n o p q r s t u v x y z a b c
d e f g h i j k l m n o p q r s t u v x y z a b c d
e f g h i j k l m n o p q r s t u v x y z a b c d e
f g h i j k l m n o p q r s t u v x y z a b c d e f
g h i j k l m n o p q r s t u v x y z a b c d e f g
h i j k l m n o p q r s t u v x y z a b c d e f g h
i j k l m n o p q r s t u v x y z a b c d e f g h i
j k l m n o p q r s t u v x y z a b c d e f g h i j
k l m n o p q r s t u v x y z a b c d e f g h i j k
l m n o p q r s t u v x y z a b c d e f g h i j k l
m n o p q r s t u v x y z a b c d e f g h i j k l m
n o p q r s t u v x y z a b c d e f g h i j k l m n
o p q r s t u v x y z a b c d e f g h i j k l m n o
p q r s t u v x y z a b c d e f g h i j k l m n o p
q r s t u v x y z a b c d e f g h i j k l m n o p q
r s t u v x y z a b c d e f g h i j k l m n o p q r
s t u v x y z a b c d e f g h i j k l m n o p q r s
t u v x y z a b c d e f g h i j k l m n o p q r s t
u v x y z a b c d e f g h i j k l m n o p q r s t u
v x y z a b c d e f g h i j k l m n o p q r s t u v
x y z a b c d e f g h i j k l m n o p q r s t u v x
y z a b c d e f g h i j k l m n o p q r s t u v x y
z a b c d e f g h i j k l m n o p q r s t u v w x y z
a b c d e f g h i j k l m n o p q r s t u v w x y z a
```

Pour transcrire un texte selon le système des
Clavicules de Salomon, il faut une clef : « Suppo-
sons », écrit mon grand-père, « que VOUS soit le

mot qu'on veuille écrire, et que le mot de passe soit : DIEU. On met les deux mots l'un sous l'autre :

V O U S
D I E U

v
d } donne h dans la table

o
i } donne t dans la table

u
e } donne j - - - - do - - - -

s
u } donne c - - do - -

le mot VOUS écrit en cryptogramme est donc :

HTJC

Pour lire on fait de même :

h
d } donne v

t
i } donne o

j
e } donne u

c
u } donne s

dans la table

115

Il ne reste plus qu'à transcrire le mot transposé (et sa clef, si besoin) en écriture cryptographique, selon l'écriture cunéiforme, et l'on
obtient :

V O U S   D I E U

Tel est le langage secret que mon grand-père
a parlé pour lui-même, durant les trente années
qu'il a consacrées à cette quête, dans la solitude
de Rodrigues. Mais ces signes, ces symboles,
n'étaient pas des jeux abstraits. Les *Clavicules de
Salomon* étaient véritablement un sceau magique, qui donnait à ceux qui s'en servaient un
pouvoir sur les choses, sur le temps. Mon grand-
père a-t-il cru vraiment qu'il parviendrait à arracher le voile par la seule vertu de ces signes ?
Cela est douteux, d'autant plus qu'il ne consacre que quelques pages à ce travail de décryptement, et semblait en faire peu de cas. Mais ce
langage secret, enfantin, avec toutes ses tromperies et son mystère de pacotille, ses illusions et
ses mirages, est en fait l'amorce d'un autre langage, plus vaste et profond, qui grandit année
après année, construit ses rythmes et ses rites,
et en quelque sorte se répand dans l'Anse aux
Anglais autour de mon grand-père, puisque le
rêve de certains hommes semble sortir d'eux et
dessiner alentour une ombre, un halo, une
légende.

C'est ce langage que je perçois maintenant, ici, au fond de l'Anse, une rumeur qui m'entoure, qui m'accompagne, qui s'amplifie, ou s'éloigne, selon les chemins invisibles où je passe, selon l'attention que je leur porte, selon les tensions du lieu, les moments du jour.

Je crois que ce n'est pas au hasard que mon grand-père avait choisi DIEU comme mot de passe pour accéder à la table des *Clavicules de Salomon*. Y a-t-il ici une autre présence à rechercher, à ressentir ? Ce feu qui brûle encore dans les blocs de basalte et de lave, ce feu sombre du jour et de la nuit, cette voix de la mer et du vent, ce ciel immense, quel autre trésor pourraient-ils procurer, qui n'ait d'abord été fondu et recréé par l'invisible puissance qui est au centre de toutes choses, les force à exister contre le néant ? Jamais mon grand-père n'en dit rien : pour quoi, pour qui le dirait-il ? Ne s'est-il pas lancé seul dans cette aventure, contre toute raison et contre toute bienséance ? Je vois maintenant devant moi, clairement, les éléments à nouveau épars de cette langue qu'il avait construite peu à peu, ajoutant chaque jour une pièce à l'édifice, chaque jour une souffrance, une surprise, une inquiétude nouvelles : ils sont là, les signes, que seule la clef magique du ciel peut rendre à leur signification première : signes des pierres noires marquées de coups, usées par l'eau et le vent, coulées de cendres, lames brillantes des schistes, morceaux d'idoles, visages brisés des géants, montagnes, vallées, ravins poussiéreux où bruit encore l'eau des rivières taries, puits comblés, chaos de la terre que retiennent encore les racines des vacoas, hauts fûts des hyophorbes sur les dunes de sable blanc, devant la solitude du lagon bleu-vert, puis de la mer bleu-noir, jusqu'à l'horizon où naissent les nuages.

La vallée tout entière est un langage. Ce sont les mots rêvés de mon grand-père, les signes jetés çà et là, par le Corsaire inconnu, points de repère mouvants comme des mirages, lignes fugitives qui se croisent et se répondent comme les fils d'une trame, mais aussi cailloux marqués au poinçon, tas de pierres marquant l'est, le nord, l'ouest, gouttières sculptées dans les rochers à demeure, cercles, étoiles, pierres fracturées en M ou en Z, points où s'enfonce la sonde, ravins creusés par le pic, rochers enlevés, poussés de côté, et toujours, fermant la vallée, sommets des pitons immuables ; comme si l'on cherchait un astre, ou le site d'une très ancienne ville, dont seules les légendes fragiles des hommes parleraient encore.

De chaque côté de la vallée, sur les hautes collines noires, à l'est, à l'ouest, la marque des deux organeaux, deux triangles équilatéraux inversés dont la réunion compose encore le signe de l'anneau magique de Suleïman, au centre duquel s'écrit éternellement le nom du plus grand des dieux.

idiomatique
— au lieu de dit que

Cette quête du trésor qui a été la grande affaire, l'unique passion de mon grand-père, jusqu'à sa mort, ici je comprends mieux ce qui l'a fait naître, ce qui l'a rendue légendaire. Tous ces chasseurs de trésor du début du siècle, à Flic en Flac, à Chamarel, à Baie du tombeau, et même Lord Lindsay qui explora l'île d'Ambre, en face de Poudre d'Or, là où justement la légende veut que le *Saint-Géran* ait naufragé en 1744 — tous, ils n'ont fait qu'effleurer le mystère. Cela n'aura été qu'un passage, une ivresse momentanée. Ensuite, ils se sont ressaisis, ils ont oublié. Pour eux, cela n'aura été en somme qu'un divertissement. Lord Lindsay, fatigué de chercher son trésor, reste sur l'île d'Ambre et fait construire l'un des plus beaux observatoires de son temps, aujourd'hui en ruine.

Mon grand-père, lui, n'abandonne pas sa quête. Même lorsque tout est contre lui, lorsque l'argent manque, lorsque les créanciers sont de plus en plus impatients, lorsque surtout survient la catastrophe, et qu'il est chassé de sa maison par sa propre famille, et doit chercher une autre demeure, une autre terre.

C'est en 1910, je crois, que mon grand-père quitte Euréka, le domaine où il est né, où sont nés ses enfants. C'est le commencement d'une errance que la quête de l'or du *Privateer* rend encore plus désespérée, plus tragique. Les conséquences de l'expulsion de mon grand-père d'Euréka sont plus sérieuses qu'un déménagement. C'est un exil véritable, le bannissement d'un domaine qui, pour lui et pour ses enfants, était la terre choisie par leur ancêtre, comme le rêve d'un paradis terrestre. Chaque coin de cette grande maison était chargé de secrets familiers, de souvenirs, du bonheur de l'enfance. Le grenier, où mon père et mon grand-père avaient joué, l'immense varangue où ils avaient regardé la pluie, la nuit, le brouillard de l'aube. Les grandes salles aux plafonds hauts, encombrées de meubles provenant de la Compagnie des Indes, les portes-fenêtres à carreaux étroits, les escaliers, les colonnades de fonte, et surtout : le jardin sans fin, avec ses arbres centenaires, les vergers, les plantations de palmistes, les bassins, les grandes allées circulaires où avait résonné le bruit des carrioles à cheval, et quelque part vers le nord-est, le ravin où

120

ils avaient frissonné en regardant couler dans le fond ombreux, dangereux, l'eau de la rivière Moka.

Il y avait aussi, dominant les frondaisons vert sombre des arbres de l'Intendance, la cime de la montagne Ory, qui faisait battre le cœur des garçons, où ils allaient s'échapper parfois, pour une brève aventure qui dans leur imagination valait bien celles racontées par Reid ou par London.

C'est la perte de cette maison qui, je crois, commence toute l'histoire, comme la fondation d'Euréka avait été l'aboutissement d'une autre histoire, celle qui avait conduit mon ancêtre François, au temps de la Révolution, du port de Lorient à l'Île de France. La quête du trésor de mon grand-père avait commencé bien avant cet exil — et beaucoup de gens à Maurice ne se priveront pas de dire que c'est cette chimère qui a causé l'abandon d'Euréka aux mains des créanciers. Pourtant il me semble que cela commence l'histoire, parce que c'est une histoire qui n'est pas achevée : à cause de ce bannissement, la famille de mon grand-père perd ses attaches, elle devient errante, sans terre. Après l'abandon de la sucrerie d'Alma (déjà du temps de mon arrière-grand-père Sir Eugène), l'exil loin de la maison natale est, pour tous ceux de cette fraction, le commencement de l'instabilité, du précaire, parfois même de la

121

misère. Tous les enfants de Sir Eugène quittent le domaine où ils sont nés, où ils ont grandi heureux. Les garçons voyagent, vont au bout du monde, en Amérique, en Afrique, en Europe. Les filles, elles, sont vouées à la pauvreté. La perte d'Euréka me concerne aussi, puisque c'est à cela que je dois d'être né au loin, d'avoir grandi séparé de mes racines, dans ce sentiment d'étrangeté, d'inappartenance. Ainsi, au défi de mon lointain ancêtre François qui quitte la Bretagne et s'embarque sur le brick *Le Courrier des Indes* pour fonder une nouvelle famille au bout du monde, répond, comme un écho d'amertume, le geste de refus de mon grand-père qui abandonne sa maison et retrouve avec sa descendance le chemin de l'errance.

C'est cela que signifie sa recherche du trésor, et c'est pour cela qu'elle me trouble et m'inquiète après tant d'années. Sa quête, c'est celle d'un bonheur perdu, désormais illusoire, le mirage de la paix et de la beauté d'Euréka, qu'une journée de l'année 1910 a brisé et réduit en poudre, pour toujours.

Comment partager le temps ? Ce que je suis venu chercher à Rodrigues m'apparaît maintenant clairement. Et m'apparaît aussi clairement l'échec de cette enquête. J'ai voulu remonter le temps, vivre dans un autre temps, dans un autre monde. J'ai cru y parvenir ici, au fond de l'Anse aux Anglais, dans ce décor où mon grand-père a vécu et construit son rêve. Et c'est vrai que, aux premiers instants de mon arrivée dans la vallée de la rivière Roseaux, j'ai eu le sentiment que tout serait facile, que tout serait possible.

Comment ne pas ressentir l'impression de la vie, devant ces traces, en tenant dans mes mains les plans de mon grand-père, et retrouvant à chaque instant les repères, les jalons, les lieux décrits ? Dans le silence et la solitude de l'Anse aux Anglais, chaque marque, chaque coup sur le sol laissés par mon grand-père il y a soixante-quinze ans me paraissaient faits d'hier. Je croyais entendre le son du pic, la respiration rapide de son souffle, les paroles en créole qu'il échangeait avec les hommes, avec Sylvain Bégué, Adrien Mercure, le « coq » Ange Raboud, avec le jeune Fritz Castel.

C'est cette illusion qui m'a fait venir ici, à Rodrigues, pour toucher le sol qu'il avait tellement regardé, aimé, où il avait tant espéré. Curieusement, ce qui m'a attiré vers l'Anse aux Anglais, c'est cela même qui, je crois, l'avait attiré : être sur les lieux où était venu autrefois le *Corsaire inconnu*, pour sentir ce qu'il avait senti, toucher, voir, comprendre ce qui avait existé pour lui. Comme s'il n'y avait d'autre passé que ce dont nous pouvons recevoir témoignage, ce qui parle par les êtres, par les plantes, les pierres, la couleur du ciel et de la mer, l'odeur de l'air.

Avant même d'avoir eu l'idée de l'écrire

(pour la comprendre mieux), cette réalité était un rêve, un désir de voir, de toucher, de m'identifier par le corps. Je crois bien que ce que j'ai voulu, dès le début, c'est revivre dans le corps de mon grand-père, être lui, dont je suis la parcelle vivante. L'idée de ma survie dans ma postérité ne me touche pas beaucoup. L'avenir, cette énigme irritante, m'ennuie. Mais choisir son passé, se laisser flotter dans le temps révolu comme on remonte la vague, toucher au fond de soi le secret de ceux qui nous ont engendrés : voilà qui permet de rêver, qui laisse le passage à une autre vie, à un flux rafraîchissant.

C'est cela qui m'a le plus ému à l'Anse aux Anglais : un instant, dans ce paysage minéral, avec ce vent, ce soleil, cette lumière, j'ai été celui que je cherchais ! Non plus moi, ni mon grand-père, mais le *Corsaire inconnu*.

Je pense à tout ce qui a alimenté mon rêve : ce drôle de bagage, lourd comme une maison, chargé de mots et de signes, une nébuleuse d'idées, d'images, d'amorces, et tout cela contenu dans ce vieux classeur de carton attaché par une ficelle, portant écrit de la main de ma tante, ce titre vengeur et drôle :

PAPIERS SANS VALEUR

EURÉKA

C'est cette maison à laquelle il faut que je revienne maintenant, comme au lieu le plus important de ma famille, cette maison dans laquelle ont vécu mon père, mes deux grands-pères (qui étaient frères), mon arrière-grand-père (Sir Eugène) et mon arrière-arrière-grand-père (Eugène premier) qui l'avait fondée autour de 1850. Maison pour moi mythique, puisque je n'en ai entendu parler que comme d'une maison perdue.

Aussi n'est-ce pas à la maison telle qu'elle existe encore, rafistolée comme un vieux navire, condamnée à être bientôt démolie pour laisser place aux lotissements des promoteurs chinois, que je veux penser[1]. Cette maison-là est l'image virtuelle de l'autre Euréka.

La vraie Euréka, c'est celle du temps de sa

1. Aujourd'hui sauvée, restaurée, et devenue un musée à la gloire du passé franco-mauricien.

splendeur, à la fin du siècle dernier, quand elle régnait encore comme un château de bois au centre du décor à demi sauvage de Moka, face à la silhouette sombre de la montagne Ory. Maison blanche, légère, appuyée contre la chaîne des sommets aux noms pour moi magiques, le Pouce, les Deux Mamelles, le Pieter Both, avec, sur le versant est, au-delà des frondaisons des arbres du parc, les immenses plaines de cannes : Phœnix, Floréal, jusqu'au-delà de Curepipe, vers Mare aux Vacoas, et vers le nord-est, Alma, Bar le Duc, Nouvelle Découverte, et les silhouettes de la Montagne Blanche et du Piton du Milieu.

Je vois la maison telle que mon grand-père Alexis l'a peinte à l'aquarelle autour de 1870, quand il était âgé d'une dizaine d'années. Seule, immense au milieu de la forêt sombre, entourée de palmiers, de lataniers, de tamariniers, d'arbres de l'Intendance déjà immenses, de filaos bleutés, avec même cet araucaria un peu bizarre, portant ses pompons d'émeraude, que mon arrière-grand-père avait planté à droite de la maison, et qui existe encore.

Sur le tableau, la maison semble vide, presque fantomatique, malgré la netteté des contours, malgré l'éclat de sa toiture neuve et le jardin bien ratissé à la française. Les hautes portes-fenêtres à dix carreaux reflètent la lumière du ciel dans l'ombre douce de la varangue. Sur la pente du toit, il y a sept lucarnes dont certaines ont leur volet clos. Je me souviens de ce qu'on me racontait autrefois d'Euréka, de cette formule pour moi presque rituelle : la maison où il y avait cent fenêtres ! Dans le flou romantique du parc — la magnificence de la nature tropicale en altitude, la fraîcheur des conifères et des tecomas, des fougères, de l'araucaria, mêlée à l'exubérance des palmes, des ficus, et la haute montagne pluvieuse qui domine la paix des bassins, les plates-bandes décorées de fuchsias, de rosiers, d'azalées, de pois de senteur, tout cela qui émerveilla mon ancêtre Eugène premier lorsqu'il découvrit cet endroit, alors qu'il cherchait un refuge contre les fièvres de la côte, et qui lui inspira ce nom : Euréka ! — la maison comme un symbole de la beauté et de la paix, loin du monde, loin des guerres et des malheurs.

Ce sont ces fenêtres reflétant le ciel, tournant vers moi leur regard sans limites, sans durée. Les marches de l'escalier conduisant à la varangue, la lucarne ouverte au sud, dont le volet détaché devait battre au vent de la mer, la pente lisse des bardeaux qui brille au soleil. Demeure immobile dans son mystère, hors du temps, refermant les cachettes d'ombre, les chambres fraîches, les salons, et sous le toit l'immense grenier où tant d'enfants ont joué, ont découvert le monde penchés aux lucarnes, ont écouté tambouriner la pluie, et qui porte dans sa poussière comme une mémoire.

Aucune autre maison n'aura jamais d'importance, aucune n'aura tant d'âme. S'il n'y avait eu Euréka, si mon grand-père n'en avait été chassé avec toute sa famille, sa quête de l'or du Corsaire n'aurait pas eu de sens. Cela n'aurait pas été une aventure aussi inquiétante, totale.

La grande maison de bois, peinte en blanc, avec son toit gris et ses volets vert pâle, sa longue varangue aux colonnes rectilignes, ses hautes fenêtres fermées, le jardin secret, sans limites, la montagne Ory, le ciel où les cirrus laissent des signes fugitifs, tout cela semble devoir durer une éternité, ne pas pouvoir disparaître. C'est le domaine que mon grand-père a perdu un jour, comme on s'éveille d'un rêve, sans espoir de retour. C'est le domaine qu'il a voulu pourtant retrouver, en entrant dans un autre rêve, comme pour nier l'impossible par l'impossible. Euréka, maison hors du monde, ne doit plus vieillir alors, malgré tous les carias qui rongent son bois, malgré les pluies qui pourrissent ses fondations et les cyclones qui brisent ses volets et arrachent ses bardeaux. Je crois que mon grand-père ne cesse de la voir telle que l'a peinte son frère Alexis, pâle, légère, pareille à un mirage, avec ses cent fenêtres fermées sur

128

un secret qui ne peut plus désormais appartenir à personne.

Lointaine déjà, comme la montagne Ory qui s'estompe dans une heure imprécise, inaccessible. Pourtant c'est là-bas, vers ce paysage fantôme que mon père (et avant lui mon grand-père Léon, mon grand-père Alexis) s'enfuit, après avoir franchi la route frontière qui va vers Moka, et disparaît des journées entières dans la touffeur de la forêt. C'est là qu'il s'en va, âgé d'une douzaine d'années, pour faire la conquête du Pouce, du Pieter Both. C'est par là-bas aussi qu'il explore avec ses sœurs la rivière Ory, jusqu'à Cascades, pêchant les crevettes d'eau douce que les filles prennent dans leurs jupes comme dans des nasses.

La maison avait été le centre du monde, d'où l'on pouvait reconnaître alentour. Comment mon grand-père ne l'aurait-il pas gardée toujours en lui, même au fond de l'Anse aux Anglais, maison immense et silencieuse, abstraite dans le secret de son jardin d'Eden, portant en elle le souvenir de sa naissance, comme un lieu où l'on ne retourne jamais ?

Et maintenant ?

Je marche au fond de la vallée de la rivière Roseaux, j'avance entre les broussailles sur le lit de sable noir, sans doute pour la dernière fois. Je vois autour de moi ce paysage dur, fermé, ce paysage qui ne donne rien. De chaque côté, il y a les hautes falaises de basalte, plus dures encore à la lumière du couchant. Au sud, les montagnes où vivent les derniers survivants des manafs : le Limon, le Bilactère, le Charlot, le Piton du Milieu. Elles sont nettes contre le ciel. J'aime la venue de la nuit ici, c'est peut-être ce souvenir que je garderai le plus fort. En aucun autre endroit du monde cette heure ne m'a semblé plus précise : un basculement quotidien vers l'autre monde, vers l'autre versant de la réalité. La brûlure intense du soleil cesse d'un coup, la lumière s'éteint comme une bougie qu'on souffle, et on sent le froid de l'espace. Dans l'instant très bref qui sépare le jour de la nuit (mais cela ne saurait s'appeler le crépuscule), les oiseaux franchissent le ciel de la baie Anglaise. Ils viennent du sud-est, de l'extrémité de Rodrigues, ils volent à la hâte vers les îlots de la barrière de corail, au nord-ouest, là où ils ont leurs refuges, sur l'île aux Foux, Pierrot, Baladirou, l'île au Sable, l'île Plate.

C'est à cause d'eux que mon grand-père devait aimer la tombée de la nuit ici. Je pense à son regard qui les suivait, chaque soir et chaque matin, dans leur traversée. Est-ce que pour lui, ils n'étaient pas les vrais maîtres de cette terre, de cette baie, de cette mer ? Le regard de mon grand-père devait les suivre à grand-peine, comme le mien, dans leur vol rapide au-dessus de l'eau déjà sombre. Mais le regard des oiseaux avait la dureté même du basalte, leur esprit devait être tranchant et fort comme le vent, comme les récifs sous la mer.

Les oiseaux ne meurent pas, sauf quand les hommes les engluent dans leurs pièges. Ils vivent entre le ciel et la mer, puis un jour ils disparaissent, avalés par l'espace, sans qu'on sache où ils se sont enfuis.

C'est avec eux que mon grand-père a vécu surtout dans cette vallée sauvage, à l'époque sans hommes. Il a dû apprendre à les reconnaître, jour après jour, les sternes criardes, les gasses au vol lourd, rasant les vagues pareilles à des sillons au coucher du soleil, les goélands magnifiques, les frégates noires portant leurs goitres rouges et, plus près du rivage, les hirondelles de mer. Pour mon grand-père, les oiseaux de l'océan étaient les seuls signes de la liberté, l'image même de ce monde futur dont il ne pouvait connaître que le seuil. Année après année, les oiseaux traversent le ciel de la baie Anglaise, survolant la mer, le lagon, ou le marécage des roseaux, chaque soir, chaque matin, suivant un ordre immuable comme ce paysage.

Ont-ils appris alors à reconnaître la silhouette de cet homme seul, pareil à un naufragé auprès de sa hutte, assis sous le tamarinier et qui fumait en les regardant ? Les oiseaux sont nés, ont disparu dans les tempêtes, dévorés par l'horizon. Le corps de mon grand-père a vieilli, s'est endurci, sa silhouette est devenue plus mince, plus fragile. Au fil des années, à chacun de ses voyages, des hommes sont venus le voir par curiosité, puis l'ont oublié. La guerre a dévoré les hommes jusque dans cette île, non pas dans une apothéose d'orage et d'écume comme les goélands et les fous, mais sous un déluge de fer et de feu, dans la boue de ces rivières lointaines qui s'appellent l'Ancre, la Lys, la Marne, la Somme. Seul est resté jusqu'au bout le jeune garçon, Fritz Castel, que mon grand-père a dû engager pour la première fois vers 1920, alors qu'il devait avoir une dizaine d'années, et qui a partagé avec lui ses derniers espoirs. Le seul qui n'ait pas quitté l'Anse aux Anglais. Aujourd'hui, devenu un vieil homme qui marche avec difficulté, Fritz Castel vit dans une maison de bois et de tôles peinte en rose, au sommet de la pointe Vénus, à l'endroit d'où l'on peut surveiller la mer et l'entrée de la vallée de la rivière Roseaux. C'est lui dont j'ai senti le regard, la première fois que je suis arrivé au fond de l'Anse aux Anglais. Il est le dernier gardien de ce temps, de ce lieu. Pour lui aussi les oiseaux de mer doivent signifier quelque chose.

Ces oiseaux éternels, qui ne cessent pas de traverser le ciel de la baie, eux, les véritables maîtres de ce domaine, ils m'unissent encore davantage à la mémoire de mon grand-père. Il me semble que je peux le voir, lors de son dernier voyage (quand a-t-il compris que ce serait le dernier ?), assis au pied du vieux tamarinier à l'entrée du ravin, où je suis allé instinctivement, écoutant les cris des oiseaux de mer à l'approche de la nuit. Le temps est-il passé vraiment sur l'estuaire de la rivière Roseaux, sur ces marécages ? Rien ne nous sépare, ces pierres noires sont à la même place, la roche porte encore la marque du pic, le sable volcanique s'est effondré selon les mêmes chemins, et la mer, au-delà de la ligne des cocos et des hyophorbes, fait toujours le même travail. Jusqu'au dernier instant je ressens ce vertige, comme si quelqu'un d'autre s'était glissé en moi. Ainsi, peut-être ne suis-je ici que pour cette question, que mon grand-père a dû se poser, cette question qui est l'origine de toutes les aventures, de tous les voyages : qui suis-je ? ou plutôt : *que* suis-je ?

Moi aussi, j'aurai échoué. Je ne parle pas du trésor du *Corsaire inconnu* (tout homme mort est un inconnu), mais de cette enquête. Ai-je vraiment cherché quelque chose ? J'ai bien sûr soulevé quelques pierres, sondé la base de la falaise ouest, à l'aplomb des cavernes que j'ai repérées à mon arrivée dans l'Anse aux Anglais. Dans la tourelle ruinée de la Vigie du Commandeur (peut-être une ancienne balise construite par le Corsaire), dans les étranges balcons de pierres sèches, vestiges des anciens boucaniers, j'ai cherché plutôt des symboles, les signes qui établiraient le commencement d'un langage. Quand je suis entré pour la première fois dans le ravin, j'ai compris que ce n'était pas l'or que je cherchais, mais une ombre, quelque chose comme un souvenir, comme un désir.

J'ai voulu retrouver un homme, un homme tout entier, avec son secret, sa crainte, son désir, son savoir. Les plans et les documents écrits au long de ces trente années ne me guidaient pas vers une cachette, vers ces diamants des mines de Golconde (ou d'ailleurs, quelques carrières de verroteries qui ont servi à conquérir le monde !). Ils me conduisaient jusqu'à l'homme qui les avait rêvés, qui en avait souffert, qui en avait été transformé, enfiévré, ensorcelé.

Comme son cœur battait quand il croyait

134

approcher du secret, quand il révélait au jour, l'un après l'autre, les jalons posés par l'écumeur des mers, quand il sentait qu'il posait ses pas sur l'empreinte de cet inconnu, quand apparaissaient, sur l'écran noir des falaises de basalte, les organeaux magiques ! Et moi, mon cœur battait aussi fort, parce que je croyais sentir la présence de mon grand-père inconnu, j'étais sur ses traces, je voyais par ses yeux, je sentais par son être, je l'avais rejoint dans son rêve ! Mais à chaque instant je m'apercevais que je m'étais leurré que cette vallée restait vide. Maintenant, je le sais bien. On ne partage pas les rêves.

Les oiseaux de mer peuvent continuer à traverser l'estuaire de la rivière Roseaux. C'est leur regard cruel qui a raison. Peut-être que le Corsaire inconnu, ce pillard des mers de 1730, avait le même regard, et c'est pour cela qu'il s'est perdu dans la fureur des océans, qu'il a été dévoré lui aussi par l'horizon. Les oiseaux qui passent, chaque soir, chaque matin, sont les seuls qui ont partagé son secret.

Les oiseaux sont les seuls survivants de ce temps extraordinaire et cruel, quand le ciel et la terre n'appartenaient à personne, quand les îles étaient libres et dangereuses comme les navires des pilleurs. Aujourd'hui, les oiseaux sont en exil. Ils ont été chassés des rivages, et contraints de se réfugier sur les îlots de la ceinture de corail, que balaient les vagues de l'océan. Ce ne sont pas vraiment les hommes qui les ont chassés de leur ancien domaine. Ce sont ceux que les hommes ont apportés avec eux et qui leur ressemblent : les rats[1].

Sur l'île aux Foux, sur l'île Plate, sur Baladirou, les oiseaux de mer attendent. Peut-être qu'ils savent que le temps est pour eux, que la mer, le ciel et les rivages redeviendront un jour libres. C'est cette attente qui est en eux, dans leur vol, dans leur amour du vent et de l'écume, dans la dureté de leur regard.

La quête de mon grand-père peut bien sembler dérisoire aujourd'hui, alors que cette mer a cessé d'être libre, alors que les Anglais ont accepté l'installation des bases nucléaires américaines à Diego Garcia, dans l'archipel des Chagos, alors que de chaque côté de l'océan Indien, chez le géant de l'Inde et chez le nain frénétique du Sud-Afrique, l'on prépare déjà la guerre nucléaire, alors que le continent antarctique est devenu une vaste caserne, et que le monde entier trouve tout cela normal.

Oui, à côté d'une telle menace, l'énigme de l'Anse aux Anglais peut sembler bien petite, bien lointaine, et l'itinéraire de mon grand-père le cheminement absurde et obstiné d'un insecte. Comment croire à cette histoire de trésor, à cette

1. Ce sont les rats et les hommes qui ont éteint l'espèce du dronte, le fameux *dodo* de Maurice (et de Rodrigues). Les hommes en tuant l'oiseau, les rats en mangeant les œufs.

136

enquête ? Notre siècle n'est plus un siècle à trésors. C'est un siècle de consumation et de fuite, un temps de fièvre et d'oubli. Les oiseaux de mer sont les derniers gardiens exilés de ces pierres, derniers témoins d'une énigme que les orages et la mer bientôt dévoreront.

Drôle de rêve que celui de mon grand-père. Comme tous les rêves, il s'achève sur rien.

Espérait-il vraiment quelque chose, je veux dire, quelque chose de matériel, l'or du *Privateer*, ce qu'on appelle un butin ? Comment imaginer que cette quête faite de tant de symboles, de signes, de secrets, puisse déboucher sur un tas d'or et de diamants, sur des verroteries ? Mais le butin des anciens navigateurs ne peut pas exister. Il est plutôt un désir, un feu, une *poudre d'or*, l'éclat insoutenable de lumière contenue dans une cachette qu'on n'ouvre jamais. C'est le désir des hommes qui fait brûler les feux des trésors. Le butin des pilleurs des mers est sauvage et brutal : non pas les bijoux ni les objets précieux, mais l'or vrai, qui est la souffrance des hommes, leur passion, leur sang. C'est la lumière de ce siècle perdu, son odeur, sa chaleur, le goût de cette vie rapide, le goût aussi de la mort, comme une ombre qui éteint l'or et rend les diamants à leurs cachettes sous la terre.

La fin des voyages est toujours triste, parce que c'est la fin des rêves. Quand mon grand-père renonce à retourner à Rodrigues, un peu avant 1940, c'est moins à cause de l'âge (il a tout de même plus de soixante-dix ans) que par découragement, parce qu'il sent qu'il est allé au bout de cette aventure. Il sait qu'il ne découvrira pas le trésor. Il le sait depuis qu'il a mis au jour les deux caches vides au fond du ravin, et que s'est ainsi déjà annulé l'incroyable calcul géométrique qui durera pendant trente ans.

Et puis, il y a la guerre à nouveau, cette guerre qui va bientôt commencer au loin, en Europe, et qui, on le sait déjà, va s'étendre au monde entier par le jeu des alliances, qui va peut-être donner en proie aux Japonais toutes les îles de l'océan Indien. Tout cela (et la ruine pour sa famille, l'espoir à jamais perdu de retrouver le bonheur d'Euréka) fait sombrer le rêve de Rodrigues.

Comment dire cela ? Il me semble maintenant, au terme de cette enquête (tandis que je m'approche du moment où mon grand-père arrive au terme de sa quête), que je peux comprendre mieux son rêve, sa chimère. C'est le rêve d'une royauté, le rêve d'un domaine où il n'y aurait plus ni passé ni futur angoissants,

138

mais où tout serait libre, fort, dans un temps réalisé, dans son désir, dans cette sorte d'ère de bonheur qui devait être celle d'Euréka à son commencement. Une royauté, ou un royaume. Non pas la domination des autres, ni cette ivresse de conquête qui rend fou tant d'aventuriers, qui faisait d'un chef de bande d'Estramadoure l'égal du seigneur héréditaire de Mexico Tenochtitlan, ou du porcher Pizarro le successeur de l'Inca. Pas même le rêve exotique de Lord Jim. Mais plutôt le rêve de Robinson, le rêve d'un domaine unique où tout serait possible, nouveau, presque enchanté. Où chaque être, chaque chose et chaque plante serait l'expression d'une volonté, d'une magie, aurait un sens propre. Le rêve d'un nouveau départ, d'une dynastie. Qui n'a rêvé d'être le premier d'un règne, le commencement d'une lignée ? C'est cela le rêve de mon grand-père, et c'est pourquoi il s'est accroché à ce rocher brûlé de Rodrigues, malgré l'évidence de plus en plus claire qu'il ne trouverait pas ce trésor. Mais sans doute savait-il déjà que ce qu'il cherchait n'avait pas vraiment de nom, n'appartenait pas vraiment au monde réel. C'était un appel, une sorte de vertige, une ivresse parfois, le bruit du vent sur les murs du ravin, la course de la pluie dans la vallée déserte, les nuages jaillissant comme une fumée sombre au-dessus des collines du nord-ouest, se précipitant vers les hautes montagnes du sud-ouest, la rumeur continue de la mer

139

contre les récifs, le passage des oiseaux de mer marquant le commencement et la fin de chaque jour. C'était l'espoir de changer sa vie, de changer son monde, l'espoir de faire renaître Euréka, de retrouver un temps où tout serait simple et sûr. L'espoir, surtout, de rendre à sa famille, à sa femme et à ses enfants qu'il aimait, la perfection du bonheur terrestre.

Je ne sais pourquoi, je ne peux m'empêcher de penser au capitaine Misson et à la légende du Libertalia. Peut-être parce que le Corsaire inconnu dont mon grand-père a suivi ici la trace a croisé sur sa route le navire chimérique de Misson et de Caraccioli, portant son pavillon bleu et blanc où était écrite en lettres d'or la devise du Libertalia : *Pro deo et libertate*. Ou peut-être même qu'il s'est arrêté, au long d'une de ses courses, dans la république utopique de la baie de Diego Suarez, où tous les hommes étaient libres et égaux, quelles que soient leur origine, leur race ou leur foi ?

Mon grand-père, dans ce silence sidéral de l'Anse aux Anglais, séparé du reste du monde comme un naufragé, n'a-t-il pas rêvé de cet État fabuleux, installé si brièvement sur la côte de Madagascar, cette cité évangélique où se rencontraient les hommes venus de tous les horizons ? Dans les rues du Libertalia, entre les cases, les pilleurs des mers et les forbans fraternisaient avec les esclaves, les persécutés avec les

140

aventuriers et les gibiers de potence, chacun parlant dans sa langue, dans ce refuge où la beauté de la nature et de la mer faisaient penser au paradis terrestre.

Il me semble qu'il y a quelque chose de cette chimère ici, dans la solitude de l'Anse aux Anglais. Comme si la quête de mon grand-père avait été, comme pour Misson, celle d'un lieu où l'on peut réaliser ses rêves. La fin tragique du Libertalia, anéanti par les populations de l'intérieur de Madagascar — peut-être par les Houvas pourvoyeurs d'esclaves que cette république chimérique gênait —, est triste et inévitable, et mon grand-père a dû la sentir proche quand, après l'holocauste de 1914, le monde s'apprêtait à une nouvelle guerre encore plus inhumaine. Sa quête d'une autre vie, d'une nouvelle liberté ne pouvait plus guère avoir de sens. Comment oublier le monde ? Peut-on chercher le bonheur quand tout parle de destruction ? Le monde est jaloux, il vient vous prendre, il vient vous retrouver là où vous êtes, au fond d'un ravin, il fait entendre sa rumeur de peur et de haine, il mêle sa violence à tout ce qui vous entoure, il transforme la lumière, la mer, le vent, même les cris des oiseaux. Le monde est dans votre cœur alors, sa douleur vous réveille de votre rêve et, comme le capitaine Misson, vous découvrez que la terre même où vous avez voulu créer votre royaume vous expulse et vous jette à la mer.

141

Oui, que reste-t-il ? Que reste-t-il de moi au
fond de cette vallée, près du ruisseau qui coule
entre les roseaux, sur les pentes caillouteuses
qui forment le glacis des falaises, sur la plage
peuplée de crabes, sous le vieux tamarinier, à
l'entrée du ravin ? Mais je ne suis pas venu à
l'Anse aux Anglais pour laisser une trace, même
si ces pages que j'écris maintenant, ces cahiers
du chercheur d'or sont la dernière phase de
cette quête (cette enquête) commencée par
mon grand-père il y a plus de quatre-vingts ans.
Une trace ? Plutôt l'effacement d'une trace. En
écrivant cette aventure, en mettant mes mots là
où il a mis ses pas, il me semble que je ne fais
qu'achever ce qu'il a commencé, boucler une
ronde, c'est-à-dire recommencer la possibilité
du secret, du mystère.

Aurais-je fait ce long voyage jusqu'à cette vallée aride devant la mer, ce lieu sans passé ni
avenir, si je n'y avais été attiré comme malgré
moi par les jalons laissés par mon grand-père ?
Aurais-je écrit ceci, aurais-je rêvé si longtemps
d'écrire le roman du chercheur d'or — le seul
récit autobiographique que j'aie jamais eu envie
d'écrire — s'il n'y avait eu cette cassette noire
dans laquelle mon père gardait les documents
relatifs au trésor, tous ces plans, ces cartes, ces
feuillets écrits de cette écriture fine et appliquée

dans laquelle il me semblait reconnaître ma propre écriture, s'il n'y avait eu cette amorce à mes rêves, ces fragments comme extraits d'un livre que je ne pouvais retrouver tout entier qu'en l'écrivant à mon tour ? Les écrits ne sont jamais indifférents. En moi, du plus loin que je me souvienne, il y a eu ce bruit, ce rêve — bruit de la mer, bruit du vent dans les voiles du *Segunder*, coups des pics dans les pierres de l'île lointaine, et aussi : bruit des paroles, contant la légende de ce trésor immense entr'aperçu, frôlé, perdu à nouveau dans l'immensité du néant. C'est tout cela qui résonne en moi, et quand à la faveur de ces cartes et de ces relevés je découvre que c'est réel, pays de pierres, de lumière, de mer, quand je sens cette chaleur, ce vent sur mon visage, quand je vois ces marques incisées sur le basalte, le vertige que je ressens alors est celui d'un homme qui ayant cru à son libre arbitre découvre soudain le dessein qui l'anime et s'aperçoit que ses pensées et ses actes, ses rêves même, viennent d'avant sa propre naissance et servent à terminer une œuvre dont il n'est que le dernier instant. C'est pour savoir cela, pour en être sûr que je suis venu jusqu'à l'Anse aux Anglais. Il me semble maintenant que c'était écrit, marqué dans les documents de mon grand-père, et que je n'ai fait qu'obéir à sa volonté. Si cela n'était pas, pourquoi aurais-je voulu suivre ses traces ? Maintenant, je me souviens de ma première rencontre avec Fritz

143

Castel, en haut de la pointe Vénus. Étrangement, je n'ai même pas été étonné qu'il me reconnaisse tout de suite. Ne savait-il pas que je devais *revenir* ?

Ce qui reste, ce ne sont pas des mots. C'est la pureté de ce paysage, si différent des lieux où vivent les hommes. Malgré les nouvelles fermes construites sur les anciennes concessions de mon grand-père, malgré la case d'Anicet Perrine avec son toit de zinc tout neuf qui luit au milieu des cocos, près de l'estuaire, malgré la présence des enfants, malgré les chiens qui aboient au loin, malgré le regard discret et obstiné du vieux Fritz Castel qui observe mes allées et venues du haut de son promontoire, ce pays n'appartient pas aux hommes. Il leur est seulement prêté.

Au crépuscule, quand le fond de la vallée se charge d'ombre et disparaît dans son propre mystère, je comprends que je suis arrivé à la fin de cette longue enquête, qui m'a conduit, à travers les archives, à Paris, à Saint-Denis de la Réunion, à Port Louis, et jusqu'au fond de l'Anse aux Anglais.

J'avance le long de la vallée de la rivière Roseaux, vers l'estuaire, vers la mer qui est déjà dans la nuit. De chaque côté, les hautes falaises de basalte sont des murailles inquiétantes, et je sens encore davantage mon étrangeté. Bientôt, cette nuit, à travers les déchirures des nuages, je verrai encore une fois apparaître les étoiles, nettes et fixes dans le ciel froid. Nulle part ailleurs elles ne m'ont semblé avoir plus de sens, traçant dans l'infini le dessin même de tous les désirs et de toutes les espérances, m'unissant au regard de mon grand-père au-delà de la mort. C'est le navire *Argo* que je voudrais voir encore, peut-être du haut du promontoire de la pointe Vénus, où les premiers voyageurs venaient observer le transit de Vénus pour écrire les tables de navigation. La fin de toutes les aventures est là, figée dans l'éternité, et Jason est sans doute le seul qui ait trouvé ce qu'il cherchait, l'or de l'immortalité.

Pourtant, je veux croire que mon grand-père a pris lui aussi une part de ce trésor. Il est ici, dans le fond de l'Anse aux Anglais, c'est ici qu'il se repose pour toujours. Ici, et non pas dans le monde alangui de Rose Hill ou de Curepipe. Son rêve n'est pas mort. Il a simplement rejoint le rêve du basalte, des vacoas, du vent qui souffle de la mer, des oiseaux. Il est dans le bleu presque noir de l'océan, dans la lueur vitreuse qui semble venir du lagon. C'est ce rêve que j'ai voulu revivre, jour après jour, mais je rêvais déjà d'un autre chercheur d'or. Mon grand-père que je n'ai jamais connu, où est-il maintenant ? Il ne reste rien de lui, hormis ces mots qu'il a écrits, ou que j'ai écrits, je ne sais plus. Les marques, les repères sont seulement des égratignures sur les rochers, que le vent et la pluie usent vite. Le ravin s'effondre, et ne sera bientôt plus qu'une cicatrice. Le tamarinier sous lequel il s'est assis pour fumer en regardant passer les oiseaux du soir est déjà bien vieux, je crois qu'il ne résistera pas au prochain cyclone...

DU MÊME AUTEUR

ÉTOILE ERRANTE (Folio n° 2592)

PAWANA (Bibliothèque Gallimard n° 112)

LA QUARANTAINE (Folio n° 2974)

LE POISSON D'OR (Folio n° 3192)

LA FÊTE CHANTÉE

HASARD *suivi de* ANGOLI MALA (Folio n° 3460)

CŒUR BRÛLE ET AUTRES ROMANCES (Folio n° 3667)

PEUPLE DU CIEL *suivi de* LES BERGERS, *nouvelles extraites de* MONDO ET AUTRES HISTOIRES (Folio n° 3792)

RÉVOLUTIONS (Folio n° 4095)

OURANIA (Folio n° 4567)

BALLACINER

RITOURNELLE DE LA FAIM

Dans la collection « Écoutez-lire »

LA RONDE ET AUTRES FAITS DIVERS (1 CD)

Aux Éditions Gallimard Jeunesse

LULLABY. *Illustrations de Georges Lemoine* (Folio junior n° 140)

CELUI QUI N'AVAIT JAMAIS VU LA MER *suivi de* LA MONTAGNE OU LE DIEU VIVANT. *Illustrations de Georges Lemoine* (Folio junior n° 232)

VILLA AURORE *suivi de* ORLAMONDE. *Illustrations de Georges Lemoine* (Folio junior n° 302)

LA GRANDE VIE *suivi de* PEUPLE DU CIEL. *Illustrations de Georges Lemoine* (Folio junior n° 554)

PAWANA. *Illustrations de Georges Lemoine* (Folio junior n° 1001)

VOYAGE AU PAYS DES ARBRES. *Illustrations d'Henri Galeron* (Enfantimages et Folio Cadet n° 187)

BALAABILOU. *Illustrations de Georges Lemoine (Albums)*

PEUPLE DU CIEL. *Illustrations de Georges Lemoine (Albums)*

Aux Éditions Mercure de France

LE JOUR OÙ BEAUMONT FIT CONNAISSANCE AVEC
  SA DOULEUR

L'AFRICAIN (Folio nº 4250)

Aux Éditions Stock

DIEGO ET FRIDA (Folio nº 2746)

GENS DES NUAGES, en collaboration avec Jemia Le Clézio.
  Photographies de Bruno Barbey (Folio nº 3284)

Aux Éditions Skira

HAÏ

Aux Éditions Arléa

AILLEURS. Entretiens avec Jean-Louis Ezine sur France-Culture

Aux Éditions Seuil

RAGA, APPROCHE DU CONTINENT INVISIBLE

COLLECTION FOLIO

Impression Novoprint
à Barcelone, le 3 septembre 2011
Dépôt legal : septembre 2011
Premier depôt légal dans la collection : février 1997

ISBN 978-2-07-040209-0 /Imprimé en Espagne.